PAM

UN
Café
PARA EL
alma

ESPERANZA Y HUMOR
PARA PADRES AGOTADOS

Unilit

Sepa

Publicado por
Editorial Unilit
Miami, FL 33172
Derechos reservados

© 2001 Editorial Unilit (Spanish translation)
Primera edición 2001
Primera edición 2011 (Edición en rústica)

© 1999 por Pam Vredevelt
Originalmente publicado en inglés con el título:
Espresso for Your Spirit por Pam Vredevelt.
Publicado por *Multnomah Books*, un sello de
The Crown Publishing Group, una división de Random House, Inc.,
12265 Oracle Boulevard, Suite 200, Colorado Springs, CO 80921 USA
Publicado en español con permiso de Multnomah Books, un sello de
The Crown Publishing Group, una división de Random House, Inc.
(This translation published by arrangement with Multnomah Books, an imprint of
The Crown Publishing Group, a division of Random House, Inc.)

Todos los derechos de publicación con excepción del idioma inglés son contratados
exclusivamente por GLINT, P O Box 4060, Ontario, California 91761-1003, USA.
(All non-English rights are contracted through: Gospel Literature International,
P O Box 4060, Ontario, CA 91761-1003, USA.)

Traducción: Leticia Santos
Diseño de la portada: Ximena Urra
Fotografía de la portada: © 2011 Ossile, Serazetdinov, Ilolab, Color Symphony, Aborisov.
Usadas con permiso de Shutterstock.com.

Las citas bíblicas se tomaron de la Santa Biblia, *La Biblia de Las Américas*. © 1986 por
The Lockman Foundation. Usadas con permiso.

Producto 497140 • ISBN 0-7899-1856-0 • ISBN 978-0-7899-1856-7

Impreso en Colombia • *Printed in Colombia*

Categoria: Inspiración /Motivación /Devocional
Category: Inspiration /Motivational /Devotionals

A mis padres y suegros,
Chuck y Dana,
y
John y Doris,
por su amor hasta el sacrificio y su talento natural para
ayudarnos a John y a mí, a ver el lado positivo de la vida,
en especial cuando estamos extenuados.

Contenido

Reconocimientos

Hace un año, John y yo nos reunimos en el cuarto de conferencias de la oficina central de las publicadoras Multnomah con David Jacobson y su equipo de líderes. Aportamos ideas, hablamos de metas a un plazo de cinco años y soñamos con el lanzamiento de una serie de libros titulada *"Un café para el alma"*. Este primer libro, que ahora está en sus manos, se ha concluido gracias a la inversión de muchas personas talentosas.

Quiero agradecer a Don y Brenda Jacobson por su visión y confianza en mí como escritora. Su aliento me ha dado un inmenso estímulo para mantener la cafetera caliente y las ideas en continuo fluir.

También quiero agradecer a Keith Wall por su experta edición. Él ha limpiado la taza y añadido la cantidad perfecta de crema y azúcar para hacer del *Café* una deliciosa bebida.

Chris Sundquist, Michele Tennesen, Steve Shepherd, Jeff Pederson, Steve Curley y Kevin Marks, todos ustedes me han servido de aliento mientras he enfrentado la diaria tarea de desarrollar una historia a la vez. Gracias por su profesionalismo creativo, visión de mercadeo y entusiasmo para entregar una y otra taza de inspiración a padres y madres extenuados.

Agradezco también a las mamás y papás que han tenido la suficiente gracia para contar sus historias en este libro. Sus testimonios reflejan la infinita fidelidad de Dios en medio de las duras realidades de la vida. Tengo la certeza de que muchas almas fatigadas encontrarán una esperanza fresca en lo que ustedes han compartido.

Amigos preciosos me han incitado a seguir. A todos aquellos que han orado por mí, caminado conmigo y me han animado capítulo tras capítulo... ¡Preparemos una fiesta!

Y por último, pero ciertamente no el menos importante, quiero agradecer a John mi compañero en la vida, por mantenerse a mi lado en los momentos más difíciles de la tarea de ser padres. Estoy agradecida por tu amor e intransigente fidelidad hacia mí y los niños. No somos padres perfectos y nunca lo seremos. Pero por la gracia del Señor, seguiremos mejorando. Tengo la certeza de que Dios seguirá usando a Jessie, Ben y Nathan —sus mejores regalos para nosotros— para revelar nuestra profunda necesidad por él y su poder transformador en nuestra familia.

La preparación del café

Terminé de remojar mi bolsa de té por última vez, la dejé caer en la canasta de la basura y luego pedí a mi próximo cliente de consejería que me acompañara a mi oficina. Entró al cuarto y se dejó caer en el sofá.

Al advertir mi taza de té expresó:

—¿Así que le gustan las cosas ligeras? Si quiere un estímulo de verdad, debería probar el mío —con una amplia sonrisa y una tostada energética, ella ensalzó—: ¡Un expreso triple le curará lo que la enferma cada vez!

Sonreí y me pregunté por qué estábamos haciendo la terapia.

Tengo que admitir que eso también me gusta. Bueno, tal vez no un expreso *triple*. Mis neuronas no pueden resistir esa clase de impacto, pero disfruto de un café lateé bien caliente, recién molido, con crema espesa y pedacitos de chocolate. Uno de los doctores con los que trabajo tiende a ser muy sano en la selección de sus alimentos y por lo general bromea cuando traigo un café lateé a la oficina.

—¿Pam, estás alterada otra vez? —me pregunta con una sonrisa juguetona.

Me sirvo otro:

—Así es y en quince minutos te alegrarás de lo que hice. Tomo café para tu protección, tú lo sabes. El sabor de lateé en los labios tiende a aclarar las telarañas mentales y echa fuera los enojos.

Una compañera de caminata me preguntó hace poco:

—¿Pam, de qué trata tu más reciente libro?

—Bien —medité—, es para madres y padres que quieren un cambio de actitud. ¿Crees que les gustará a mis amigos conservadores?

Por haber sido adicta, a ella le agradó el concepto.

—La verdad es que estoy escribiendo para mí —continué—. Es para mi mesa de noche o para la que tengo en la sala...

• Algo que pueda captar por algunos minutos en la mañana con una taza de café fresco.

• Algo que cambie mi actitud cuando estoy cansada y desanimada.

• Algo que me levante al final de un largo y duro día.

• Algo que me ayude a cambiar el engranaje y en vez de sentirme preocupada me sienta esperanzada.

Definitivamente no hay ninguna guía clínica que detalle lo que debemos o no hacer como padres. Dios sabe (y también nuestros hijos) que mi esposo John y yo no somos expertos en la materia. Nos esforzamos mucho por ser buenos padres, pero muchas veces no alcanzamos nuestros ideales.

A las diez de la noche, después de muchas largas horas de trabajo, nueve bultos de ropa para lavar, una montaña de pañales sucios, quince pañuelos mocosos, enfrentamientos con actitudes adolescentes, y una interminable lista de preguntas y peticiones inmediatas, no necesito intrucciones «para actuar en forma correcta»... pues lo único que lograría es recordarme que estoy actuando mal. Lo que necesito es un expreso para mi espíritu. Uno triple, bien recargado. Ese que deja la cuchara recta en medio del recipiente.

Aceptémoslo, ser padre es un trabajo duro. Requiere años de sangre, sudor y lágrimas que nos arrugan el rostro y cambian el color de nuestro cabello a tal grado, que gastamos el salario intentando cubrirlo. La mayoría de los padres y las madres empiezan la crianza de sus hijos sintiéndose de alguna forma capaces y en equilibrio. Pero cuando hacemos comparaciones antes y después de las fotos, con el tiempo todo parece caído, flojo y demacrado. Usted sabe que es un padre maduro cuando encuentra alivio al analizar a los nativos desnudos en la revista *National Geographic* y piensa: *Después de todo no estoy tan mal.*

No obstante, los cambios físicos que enfrentamos no son en realidad el reto mayor. La mayoría de los padres tienen más dificultad al tratar con los asuntos emocionales que surgen durante la educación de sus hijos, tales como:

- El temor a lo desconocido.
- La culpabilidad que nos atrapa por errores evidentes.
- El enojo que emerge cuando enfrentamos una voluntad fuerte, rebeldía infantil.
- La frustración provocada por ver que un hijo toma malas decisiones.
- La incompetencia que brota cuando bajamos la velocidad para enfrentarnos a nosotros mismos.
- El dolor que sentimos al dejar ir algunos de nuestros sueños, expectaciones y luego a nuestros hijos, cuando crecen y les llega el momento de proseguir sin nosotros.

De lo anterior, nada es fácil.

Cuando alguien me sugirió que escribiera un libro para padres, reí y dije:

—Lo estás pidiendo a la persona equivocada. John y yo aún intentamos descifrar cómo ser padres de nuestros hijos. No conozco 'Doce pasos fáciles y seguros para educar a los hijos'. Estamos todavía abriéndonos camino, haciendo pompas en el lodo. Creo que necesitas a alguien que esté en el otro lado, que sus hijos ya estén crecidos y se hayan ido.

La persona no estuvo de acuerdo por varias razones y luego estalló la pregunta:

—¿Si tuvieras un regalo para obsequiar a otros padres, qué sería?

Mi respuesta fue inmediata:

—¡Esperanza y humor!

Dos cosas que me eran necesarias en dosis diarias, y yo lo sabía bien.

Recuerdo una noche que estaba llena de ansiedad por nuestro pequeño hijo Nathan, quien tiene el síndrome de Down. Había sufrido varias enfermedades y estábamos esperando noticias si sería necesaria o no, una operación a corazón abierto. No lo niego, estaba preocupada en extremo. Y llevaba encima una carga de culpabilidad por no poder dar a mi esposo e hijos mayores, Jessi y Ben, la misma atención que les daba antes de la llegada de Nathan. Me desahogué con una de mis amigas, que oró por mí en una forma inolvidable: "Dios, Pam está fatigada hasta los huesos. Párate dentro de ella. Sostenla. Infúndele tu fortaleza". Y luego que cerró con un "Amén", me dio palabras de aliento nacidas de sus propias luchas.

Algo cambió esa noche. Dios me llenó de energía a través de esa poderosa oración y de unas pocas pero bien escogidas palabras. Por fuera, todo marchaba igual, sin embargo, por dentro yo era diferente. El médico que había en mi interior dijo: "Se produjo una potente intervención".

Pensé en todos los padres con los que he tenido el privilegio de compartir en la oficina de consejería. Deprimidos. Ansiosos. Traumatizados. Afligidos. Quebrantados. Enfermos de muerte. Los que experimentan conflictos. Fatigados. Traicionados. Abandonados. Todos los padres y madres que necesitaban saber que no están solos en su jornada.

"Un café para el alma" taza de cafés de ustedes que están en el camino, intentando ser un buen padre y amar a sus hijos. Usted está entregando ciento diez por ciento y ahora y siempre sentirá que llegó al final. Está cansado, exhausto y necesita un descanso de quince minutos para volver a conectarse con su Creador. Tal vez ha tenido pensamientos similares a los míos: *Dios, esta tarea es demasiado para mí. No creo tener la capacidad para desarrollarla.*

Si ha llegado a esa conclusión, está en el término preciso. Nunca se nos diseñó para ser padres solos. Necesitamos ayuda exterior. La buena noticia es que podemos conectarnos con el poder de Dios y Él puede hacer lo que es imposible para nosotros.

Mientras «bebe» las siguientes páginas, espero que su espíritu se revitalice y se divierta con las pinceladas de humorismo. Ría. Llore. Llénese con una y otra taza de esperanza y humor mientras conoce gente real que han experimentado la intervención de Dios, en su transitar por senderos imperiosos. Sabemos que Dios está orquestando sus planes en usted y sus hijos. El está de su lado. ¡Anímese! No todo depende de usted.

"Un café para el alma" está diseñado para lectores individuales así como para discusiones de pequeños grupos. Al final del libro encontrará "Preguntas para una tertulia de café" para aquellos que quieran discutir los placeres y retos de la paternidad con otros padres, mientras disfrutan una taza de café. Las preguntas le animarán a pensar en términos de metas concretas para educar a los hijos. Si le agrada, encienda la cafetera e invite a algunos amigos a disfrutar un poco de esperanza y humor junto a usted.

A propósito, luego de un trago triple de este expreso, no habrá zumbidos de cafeína ni aterrizajes forzosos. El cúmulo de la espesa crema no tiene calorías y los pedazos de chocolate que se deshacen en la boca no dañan sus dientes. Así que olvídese del autocontrol y absorba para el contentamiento de su corazón. Espero que cada sorbo de un capítulo dé a su espíritu una potencia inigualable, que le estimule a desear más.

Con un abrazo para su viaje,

Pam Vredevelt

EL IDIOMA DEL EXPRESO:

¿Cuál de estos le provoca antojo?

EXPRESO es una palabra italiana que significa «vía urgente» o «rápido», lo cual está relacionado con la forma veloz en que se hace el tipo de café que en muchos lugares lleva ese nombre. «Expreso» también se refiere a la sustancia que se ha presionado y servido en la taza «expresamente» para una persona.

CAFÉ EXPRESO es una dosis de café fuerte servido en una pequeña taza de dos onzas, para ser ingerido de un trago. Especial para aquellos con estómagos de hierro.

CAFÉ MACCHIATO es un expreso servido en una taza de café expreso y cubierto con una capa de leche espumosa.

CAFÉ LATEÉ consiste en una, dos, o tres dosis de expreso en una taza alta llena de leche evaporada, cubierto con espuma y pedacitos de chocolate si se prefiere. Es mi favorito.

CAPUCHINO es una bebida que contiene una tercera parte de expreso, otra de leche evaporada y una última de espuma.

GRANITA tiene la consistencia de un licuado frío y está hecho con expreso dulce, congelado y diluido.

* * * *

UNA DEFINICIÓN CÍNICA DEL EXPRESO: Una bebida color café-lodo que contiene granos tropicales secos, triturados y hechos estallar metódicamente con agua caliente y consumida en grandes cantidades por su poder de producir un nivel satisfactorio de agitación nerviosa. (¡Qué forma tan deprimente de ver la vida! ¿No cree usted?)

CAPÍTULO 1

El momento de volver a llenar la taza

"*Amados, no os sorprendáis del fuego de prueba que en medio de vosotros ha venido para probaros, como si alguna cosa extraña os estuviera aconteciendo; antes bien, en la medida en que compartís los padecimientos de Cristo, regocijaos, para que también en la revelación de su gloria os regocijéis con gran alegría*".

1 Pedro 4:12-13 (LBLA)

He trabajado como terapeuta por casi veinte años y he conocido cantidad de padres sufridos. He visto muchas lágrimas y he alcanzado cientos de cajas de pañuelos desechables. Creo que todas las madres de preescolares con las que he hablado han estado desanimadas y deprimidas. Han derramado constantemente energía y esfuerzo, con pocas oportunidades de volver a llenar su taza. No reciben recompensas inmediatas. Puede asegurarse que los niños no les palmean la espalda, diciendo: "¡Bravo, mami! ¡Estás haciendo un magnífico trabajo!"

Cuando tomamos la tarea de criar a nuestros hijos, la mayoría de nosotros no tiene idea de lo que estamos haciendo. Es como intentar manejar con una gruesa sábana de neblina como la de San Francisco; podemos ver solo unas cuantas pulgadas frente a nosotros. Resulta en verdad espeluznante. Con el tiempo llegamos a tener algunas cosas resueltas, nos sentimos desubicados.

El año pasado, John y yo decidimos asistir a un grupo de apoyo para padres llamado "Ser padres como nuestro Padre". Queríamos juntar algunas otras herramientas para guiar a nuestros tres hijos con más efectividad. Al entrar, muchos nos saludaron sorprendidos y preguntaron: "¿Qué están haciendo ustedes aquí?"

Lo que querían decir en verdad era: "Yo pensé que los pastores y terapeutas funcionaban en equipo y ya sabían todo de este asunto". ¡No les tomó mucho tiempo comprender que nosotros también teníamos nuestros momentos de tropiezo! Hablamos en tono suave de los escapes de Nathan y de nuestras búsquedas con los pelos de punta por todo el vecindario. (Ahora, cada puerta en la casa está asegurada con pestillos que él no puede alcanzar.) También compartimos los retos de ser padres de tres niños que por su individualidad requerían diferentes estilos para tratar con ellos. Dos son de carácter fuerte; uno es dócil. Dos son talentosos y superdotados; el otro tiene retos mentales y físicos. Las estrategias que son efectivas con uno pueden resultar explosivas con otro. Algunas veces John y yo nos miramos con expresiones confundidas, pensando cómo se supone que esto llamado familia deba funcionar.

El grupo se reunió por diez semanas, y nos maravillamos de la fortaleza que recibimos de esos momentos juntos. Nadie aportó fórmulas mágicas. Ninguno se creyó experto. Aquellos que asistieron discutieron con valor sus «puntos problemáticos». Analizamos estrategias. Establecimos metas semanales. Nos mantuvimos informados. A veces nos confundimos con los problemas que no tenían una solución «a la mano», pero encontramos esperanza y sanidad por el simple hecho de expresar nuestras preocupaciones en un contexto seguro y reconfortante.

Hoy, algunos de los viejos problemas ya no existen en nuestro hogar. Otras áreas problemáticas han mejorado. Y por supuesto, algunas cosas siguen en la batalla. Pero así sucede porque los cinco miembros de nuestro hogar continuamos en proceso.

Creo que hay un cierto grupo de padres que sufren más que otros, sin tener en cuenta las cuestiones de sus hijos. Son aquellos que gastan mucha energía intentando que la familia tenga una buena apariencia exterior, y sin discutir en forma abierta los problemas dentro de la familia.

Cuando simulamos que las cosas están bien y no es así, todos sufrimos. Cuando cerramos el dialogo a los conflictos, perpetuamos el dolor. La negación a menudo conduce a una forma de muerte entre las relaciones.

Yo veo esto como un sufrimiento innecesario, como si un diabético deja de tomar insulina o una persona clínicamente deprimida rehúsa tomar la medicina. Tenemos el poder de tomar decisiones sanas. No tenemos que negar la existencia de estos asuntos. Podemos aceptar los problemas familiares como una parte natural de la vida, enfrentarlos con sinceridad y hacer los ajustes necesarios por el bien del grupo.

Recuerdo una madre a quien se le preguntó:

—¿Si lo tuviera que hacer otra vez, volvería a tener hijos?

Sin vacilar un momento dijo: —¡Seguro que sí! ¡Solo que no los mismos!

A puerta cerrada, otra madre confesó:

—Nadie me dijo que ser madre iba a ser tan difícil. Yo no estoy segura de haber tenido hijos si hace seis años hubiera sabido lo que sé ahora. Mis hijos hacen que se manifieste lo peor de mí. Me siento como una vieja mala y regañona. Grito. Estallo en crisis nerviosa. Nunca tengo tiempo de hacer lo que quiero. En algún lugar del camino me quedé perdida.

De acuerdo, la vida de esta mamá estaba fuera de equilibrio. Necesitaba ayuda urgente para establecer límites y formarse metas sensatas sobre ella y sus cuatro pequeños vivaces. Su comentario sobre estar perdida hizo recordar algo en mí.

Recuerdo los meses después de la traumática entrada de Nathan a este mundo. Llegó seis semanas antes con un diagnóstico de complicaciones cardíacas severas y el síndrome de Down. Yo estaba agobiada por completo pensando cómo satisfacer las necesidades de mi familia, ahora que se sumaba un niño con retardo mental. No era sencillo para mí andar de un sitio para otro con un sentimiento que la mayoría de los padres han experimentado, cuando sus copas están vacías dentro de sus ocupados horarios, tiempos de presión y otras tensiones crónicas.

Dos meses después que trajimos a casa a Nathan del hospital, me paré en la ducha y dije a Dios: "Estoy tan enferma de llorar, Dios. He llorado todos los días por los últimos dos meses, y estoy enferma de eso. Yo no me puedo componer. No puedo arreglar mi familia. No puedo arreglar a Nathan. Dios, necesito ayuda".

A eso le llamo el episodio de diez minutos de mi "Capitulación en la ducha". Hubo un cambio decisivo para mí.

Me rendí al hecho de no tener poder alguno para cambiar la condición de Nathan. No podía volver a escribir el guión, ni borrar de mi vida el año anterior.

Me rendí al hecho de no poder satisfacer las necesidades de mis hijos como yo quería. Dios sabía eso también, y Él iba a tener que hacer la diferencia.

Me rendí ante la realidad de no poder controlar el futuro. Estaba en manos de Dios.

Y me rendí ante el hecho de que mis sentimientos, eran mis sentimientos —aunque yo los detestara— y que la única forma de ir más allá de la aflicción era a través del dolor mismo y confiar que en el tiempo perfecto de Dios, él iba a sanar mi corazón.

El acto de rendirme alivió mi dolor. Comprendí que los asuntos de Nathan escapaban de mis manos y lo mismo sucedía con la sanidad que anhelaba en nuestra familia.

Cuando nos hacemos padres, perdemos parte de nosotros. Pero no necesariamente es una pérdida desfavorable. La paternidad se afecta con cualquier orientación hacia ella misma. Nos fuerza a estar más concentrados en otros. Exige que entreguemos nuestras vidas. Requiere que nos vaciemos de lo que somos por el bien de aquellos que nos siguen.

Yo solía creer que criar hijos era más o menos la tarea de moldear y guiar una futura generación. Todavía lo creo. Pero también considero que Dios usa a los hijos para moldear a los padres. Además, que las luchas que vienen a nuestro círculo familiar no son solo con el fin de hacernos «mejor», sino para «vaciarnos» y que Dios nos pueda llenar más de él.

Me pregunto si Jesús tuvo esto en mente al decir: "La copa que yo bebo, beberéis" (Marcos 10:39 LBLA).

Estímulo adicional: Un sorbo de humor

"Nada detiene una pelea familiar más rápido, que la llegada de un invitado inesperado".[1]

━━━━⊶⊷━━━━

Una vez, el señor Winston Curchill estaba discutiendo con la señora Astor sobre el papel de la mujer en el Parlamento, algo a lo que él se había opuesto y ella había defendido. Frustrada por la conversación, la señora Astor dijo con exasperación:

—Señor Winston, si yo fuera su esposa pondría arsénico en su café.

—Señora —le respondió Churchill—, si yo fuera su esposo, lo tomaría.

━━━━⊶⊷━━━━

Un proverbio chino dice: Ninguna familia puede colgar el rótulo, "Aquí no importa nada".[2]

CAPÍTULO 2

Apariciones de ángeles

"*Sed, pues, imitadores de Dios como hijos amados; y andad en amor, así como también Cristo os amó y se dio a sí mismo por nosotros, ofrenda y sacrificio a Dios, como fragante aroma*".

Efesios 5:1-2 (LBLA)

Si usted leyó mi libro *Angel Behind the Rocking Chair: Stories of Hope in Unexpected Places,* sabe de las apariciones de ángeles en nuestro hogar. Nathan, nuestro hijo que tiene el síndrome de Down, nos hace saber con señas cada vez que observa a un ángel cerca.

El primer incidente ocurrió cuando él tenía dieciocho meses. Yo le estaba dando el biberón mientras lo mecía en una acolchonada y gran mecedora en el cuarto. Era una noche como cualquier otra, teníamos nuestra acostumbrada rutina nocturna. En vez de mirarme cuando lo alimentaba, el niño seguía volteando la cabeza hacia la pared vacía en el lado opuesto del cuarto. Estaba oscuro y aseguro que yo no podía ver nada que lo distrajera o retuviera su atención.

Yo intenté voltear su cabecita hacia mí, pero después de la cuarta vez supe que sería inútil, tenía la mirada fija en algo. Pero no había nada allí. Ninguna sombra o indicio de luz. Nada.

Entonces sentí curiosidad.

—Nathan —le dije suavemente—, ¿ves algo? ¿Qué ves?

No puedo asegurar qué me motivó a hacerlo; moví su cabeza hacia mí otra vez y le dije:

—¿Nathan, ves ángeles?

Aun no sé por qué le hice esa pregunta, puesto que los ángeles no eran tema de conversación en nuestro hogar. Pero cuando usé la palabra, intuí por el lenguaje corporal de Nathan, que sabía de lo que le hablaba.

Regresó su atención a la pared y sonrió de oreja a oreja, como diciendo: "Bien mamá, por fin lo has entendido".

Escondí ese incidente en mi corazón, solo se lo compartí a John. Supongo que parte de mí dudaba que en verdad Nathan hubiera visto un ángel. Como terapeuta conozco del poder de la sugestión y me preguntaba si no fui yo, quien plantó ese pensamiento en su mente.

Cuando él tuvo tres años, algo fuera de lo normal sucedió otra vez. La escena era muy parecida. La misma mecedora, la misma rutina nocturna. Solo que en esta ocasión él estaba mayor y en vez de estar acostado en mis brazos, tenía sus rodillas dobladas sobre mi regazo y la cabeza recostada en mi hombro mientras le cantaba. Cuando ambos estábamos casi dormidos, comenzó a dar brincos sin cesar y señaló con insistencia detrás de la mecedora, gritando:

—¡Aaa! ¡Aaa!

Impaciente por sus payasadas, le repliqué:

—¡Nathan, no es momento para jugar! ¡Es hora de dormir!

Pero él seguía brincando, señalando hacia la silla y gritando:

—¡Aaa! ¡Aaa!

Su persistencia me hizo recordar la vez anterior cuando se quedó mirando fijo hacia la pared y sonreía.

—Nathan —le pregunté—, ¿ves ángeles?

Esta vez agregó a su sonrisa:

—¡Da!

Luego, inclinó la cabeza y enseguida se quedó dormido. «Da» en el vocabulario de Nathan significa «Sí».

Con la incredulidad de Tomás, pasé un examen el siguiente día. Cuando nuestra amiga Margaret vino a la casa, dije:

—¿Nathan, puedes mostrarle a Margaret dónde viste ángeles anoche?

Él la tomó de la mano, la condujo por el pasillo hasta el cuarto de cuna y le señaló detrás de la mecedora. Yo no seguí siendo escéptica.

Otra visión ocurrió en uno de esos días sombríos cuando todo parece gris y miserable. Nuestra familia se quedó en casa ese domingo. No fuimos a la iglesia porque John y Nathan tenían gripe. Todos estábamos malhumorados y fuera de lugar. En medio del caos, Nathan apareció de repente en la cocina con los ojos brillantes.

—¡Mamá! ¡Mamá! —dijo con urgencia.

Al verlo, se estaba dando palmaditas en los hombros y aleteaba hacia los lados, como hacen los niños cuando juegan a volar.

—Nathan —le dije en tono suave—, ¿estás viendo un ángel?

Asintió con firmeza y apuntó más allá de donde nos encontrábamos Ben y yo, a través de la puerta que conecta la cocina y la sala. Tenía su mirada fija en algo y quería que nosotros viéramos lo que él veía.

—¿Estás viendo un ángel en la sala?

Una sonrisa brillante iluminó su rostro y sacudió la cabeza.

—Bien Nathan —le dije con un suspiro—, estoy segura de que uno o dos ángeles podrían ser útiles en esta casa hoy.

Habían transcurrido más de ocho meses desde la última vez que Nathan nos dijo haber visto un ángel. No habíamos estado hablando de ángeles esa mañana y Nathan simplemente no posee habilidades cognoscitivas para elaborar una realidad.

Para mí, el tiempo de este ángel (o ángeles) en particular fue significante.

Teníamos una actitud pendenciera y hosca, unos a otros nos murmurábamos comentarios negativos y nos lanzábamos granadas verbales. Nos habíamos ausentado de la iglesia. Había algunos enfermos. Yo me sentía más desanimada que en mucho tiempo. Francamente, nuestra casa no parecía un lugar agradable para una visitación angelical. Era más fácil imaginar a un ángel caer en la casa de Billy Graham o asomarse al servicio de la iglesia que habíamos perdido. De seguro un ángel preferiría ir a un lugar más «santo», que al campo de batalla de los Vredevelt.

Pero Dios quería recordarnos que Él estaba con nosotros...
En medio del caos...
En medio de nuestra imperfección...
En medio de nuestras palabras de enojo...
En medio de nuestros nervios alterados...
En medio de mi conmiseración.

En una oscura mañana de invierno, en un día que parecía todo menos divino, en una atmósfera que carecía de aspecto celestial, Dios envió a un representante. Y el único que tuvo ojos para verlo fue un pequeño observador con el síndrome de Down.[1]

La gracia y el amor de Dios se extendió a cinco «desamoradas» personas que hasta el día de hoy, me agobian en las mañanas. Parece ser un tema que Él continúa entretejiendo a través de las experiencias de nuestra familia en formas creativas.

Nos dirigíamos de Portland a Nashville para una gran reunión familiar. No había vuelos disponibles, apenas conseguimos la conexión en Chicago. Al comprar los boletos, el agente nos dijo que no podríamos sentarnos juntos. Nathan y yo fuimos los únicos que alcanzamos asientos contiguos, mientras John, Jessie y Ben se tenían que ubicar donde fuera posible. Abordamos la aeronave y las puertas se cerraron de inmediato detrás de nosotros.

Nathan y yo nos apresuramos para alcanzar los asientos asignados. (No es tarea fácil cargar con una bolsa de pañales, cartera, sombrilla, coche de bebé y la mochila de Nathan estilo Winnie-the-Pooh llena de libros y una reproductora de audio.) Al llegar a nuestra fila, allí, sentada junto a la ventana estaba una mujer con atuendo de negocios. Traje negro, collar blanco y un portafolio que armonizaba con lo anterior. Muy profesional. Creo que tal vez imaginaba que tendría dos asientos vacíos a su lado, pues el avión estaba a punto de despegar en el instante que abordamos. Al vernos llegar, no mostró agrado alguno.

Con desprecio dijo:

—¡Ah, maldito, espacio vacío, espacio vacío! (paráfrasis de Pam)

¡Grandioso! —pensé—. *¡Este va a ser un vuelo muy largo!*

Ante la severidad de nuestra compañera de vuelo, recordé ocasiones en las que volé por motivos de negocios y lo último que hubiera querido era un bebé llorón o un niño escandaloso sentado a mi lado. El tiempo a solas es una comodidad excepcional y preciosa para las madres ocupadas. Añoraba volar por la paz, quietud y oportunidad de poder pensar sin interrupciones.

¡Aun así, ella no tenía razón para ser tan grosera!

Tomé el asiento central y coloqué a Nathan en el extremo por el bien de ella, pensando que podía servir de obstáculo de ser necesario. No le hablé, ella tampoco me dirigió palabra, hasta que llegó la comida. Me encontraba en una situación embarazosa, por lo que decidí romper la tensión con una pregunta típica:

—¿Qué la trae a Nashville?

—Negocios —respondió con frialdad. Los ojos de la mujer estaban fijos en su bandeja de comida.

No sé por qué proseguí. Entendí que no le interesaba conversar.

—¿En qué clase de negocios se desenvuelve?

Empezó a hablar de algunas conferencias profesionales a las que asistía y de la carga de trabajo que la esperaba al final de la jornada. Empecé a sentir las presiones inmensas que la habían hecho expresarse de esa forma. Esta pobre mujer estaba agobiada.

Tuvimos una pequeña conversación. Intenté mantener una charla superficial y sin interrupciones. Lo que pasó después nos sorprendió a ambas.

—¡Mamá! ¡Mamá! —exclamó Nathan con júbilo.

—Sí, Nathan. ¿Qué pasa? —le respondí, luego de haberme disculpado por la interrupción.

En ese momento, Nathan se daba palmaditas en los hombros y simulaba un aleteo con sus manos.

—Nathan —le dije con sorpresa—, ¿ves un ángel?

Inclinó la cabeza con gesto afirmativo.

—¿Dónde ves un ángel?

Señaló a la ventana, hacia el ala del avión. Nuestros asientos estaban en esa precisa posición.

La mujer que estaba a mi lado, se inclinó hacia delante y dijo:

—¿Qué intenta decir? —Ella notó que él quería que me enterara de lo que ocurría.

No podía asegurar cuál sería su reacción, pero le dije:

—Dice Nathan que está viendo un ángel en el ala del avión.

—¿Allá afuera? —exclamó, señalando hacia la ventana.

—Sí, allí mismo —asentí.

Luego de una larga contemplación por la ventana, se volteó, miró a Nathan con lágrimas en los ojos y dijo:

—Dios sabía que yo necesitaba eso.

Su respuesta me tomó desprevenida. Lágrimas inundaron mis ojos en tal medida, que ella sacó de su bolsa unos pañuelos y me los dio.

¡Maravilloso! —pensé—. *Una hora atrás, había una pared de hielo entre nosotras. Ahora estábamos sentadas lloriqueando juntas como dos buenas amigas.*

Solo el Espíritu de Dios puede hacer eso.

Una vez más me encontré sobrecogida por el extravagante amor de Dios. Él sabía que en el avión había una mujer extenuada y con necesidad de ser animada. Tuvo el cuidado suficiente de ubicar a Nathan cerca de ella y mediante un niño de cinco años, con retraso mental, Él había entregado una bendición del más allá.

Ese incidente fue un dulce recuerdo para mí de que Dios está al cuidado cuando nos sentimos sobrecargados. Él conoce al detalle las cargas que llevamos, las presiones del día, escudriña más allá de nuestras feas actitudes e irreverentes pensamientos y ve las profundas necesidades de nuestras almas.

¡Oh, cuánto quisiera ser más como Él en mi desempeño como madre, percibir lo que acontece dentro de sus corazones y ser un refugio de amor en vez de un verdugo!

Ofrecerles una sonrisa en vez de un ceño fruncido.

Decir "creo en ti", cuando se les dificulta creer en ellos mismos.

Ver el dolor que impulsa a la irreverencia.

Escuchar en lugar de amonestar.

Moldear en vez de ordenar.

Traer paz y no presión.

No sé cuál es su opinión, pero hacer las cosas de esta manera a menudo parece una tarea imposible para mí. Gracias a Dios que no tenemos que intentarlo con nuestros propios medios. Solo el Espíritu de Dios puede derretir esas paredes de hielo que enfrían nuestras relaciones. Solo él puede capacitarnos para amar profusamente, como él lo hace. Hoy Señor, deja que así sea.

La próxima vez que vea volar un avión en el cielo, haga una pausa para observar. Puede que haya un ángel en el ala. Por nuestra experiencia, los ángeles tienen formas de mostrarse cuando uno lo necesita, cuando las cosas no van bien. Los resultados son por lo general, maravillosos.

Estímulo adicional: Un sabor de esperanza

Separado de Dios, el alma muere. La consecuencia de vivir independiente de Dios no es un mal estado de ánimo, ni una experiencia desalentadora posterior a la cafeína. Es una muerte espiritual.

"Todos los sedientos, venid a las aguas; y los que no tenéis dinero, venid, comprad y comed. Venid, comprad vino y leche sin dinero y sin costo alguno. ¿Por qué gastáis dinero en lo que no es pan, y vuestro salario en lo que no sacia? Escuchadme atentamente, y comed lo que es bueno, y se deleitará vuestra alma en la abundancia. Inclinad vuestro oído y venid a mí, escuchad y vivirá vuestra alma".

Isaías 55:1-3

"Criar hijos no es diferente a una carrera de resistencia en la que los participantes deben aprender a medir el paso... Ese es el secreto del triunfo".

James Dobson[1]

"Llame al Consolador por el término que considere mejor —Abogado, Ayudador, Paracleto—, la palabra transmite la indefinible bendición de su compasión; un reino invisible íntimo que causa que los santos canten en cada noche de dolor. Este Santo Consolador representa la inefable maternidad de Dios".

Oswald Chambers[2]

CAPÍTULO 3
El capellán del hospital

ue sois protegidos por el poder de Dios mediante la fe, para la salvación que está preparada para ser revelada en el último tiempo. En lo cual os regocijáis grandemente, aunque ahora, por un poco de tiempo si es necesario, seáis afligidos con diversas pruebas".

1 Pedro 1:5-6 (LBLA)

Nuestro hogar había soportado problemas por varios meses. El pequeño Ben, entonces con tres años de edad, había sufrido siete infecciones de oído repetidas, lo que significó varias noches de insomnio para él y para mí. Cuando no duermo, no estoy bien. Me molesto por cualquier cosa y termino sintiéndome como una bruja malvada.

Con mi apropiado "sombrero de bruja" puesto, Benjamín y yo salimos para el hospital a las cinco de la mañana para su operación. Todos esperaban que esos tubos en sus oídos fueran la solución. El doctor Delorit, en su uniforme verde, nos saludó con una sonrisa y el personal del hospital se llevó a Ben a prepararlo para la operación.

Me senté en el área de espera ingiriendo un Lateé, mientras hojeaba varias revistas que ni me interesaban. No me gustan los hospitales. Y no me gustaba la idea de que Ben fuera sometido a anestesia general. Había escuchado muchas historias trágicas en mi oficina de consejería que hacían aumentar mi preocupación. Haciendo el máximo esfuerzo para que mi imaginación no me enloqueciera, oré por el equipo médico y luego intenté enfocar mi atención en la foto de una revista, que exponía postres ganadores de premios. Usted comprueba que está agobiado cuando un brillante y colorido pastel con diez capas de chocolate, no hace que se le haga agua la boca.

Una hora después, una enfermera me pidió que la siguiera mientras conducía a mi aturdido niño por el pasillo hacia un cuarto privado. Lo puso en mis brazos para que lo meciera hasta que pasara el efecto de la anestesia. Ben colocó su cabeza en mi hombro; le arrullé y le canté su canción favorita mientras salía de su estado.

Un hombre mayor y de buenos modales entró en nuestro cuarto, interrumpiendo mi particular traducción de "Jesús me ama".

—¿Cómo estás? —me preguntó.

—Ah, estoy bien —le respondí, notando una presencia pacífica en este benévolo hombre.

—¿Y tu pequeñito? —preguntó.

—Ah, él también está bien. Solo un poquito aturdido.

—Bien, eso es bueno —dijo con una sonrisa—. Yo soy el capellán del hospital y solo estoy inspeccionando. Me gusta hacerlo con todos los que vienen aquí.

Le devolví una sonrisa y manifesté que era muy gentil al tomar tiempo para preocuparse por los demás.

—Eso es lo que importa —me dijo con convicción—. Bien, ya me voy. Tengo que ver a la mujer que está al otro lado del pasillo.

Cerró la puerta suavemente, pero antes de desaparecer miró hacia atrás y dijo:

—Tú eres una buena mamá.

Sin avisar, las lágrimas llenaron mis ojos. Por alguna razón, yo en realidad necesitaba escuchar esas palabras. No entendí por completo la tremenda emoción que emergió dentro de mí. Tal vez fue por la fatiga producida por los meses de tener que madrugar o de sueño interrumpido; quizá fue el alivio de que Ben había salido de la operación y progresaba bien.

Pero más que eso, este buen hombre había puesto una mano suave y confortante sobre mis sentimientos escondidos de incompetencia —sentimientos que aparecen cuando enfrento situaciones nuevas y no sé cómo conducirme... sentimientos que vienen cuando las técnicas de comportamiento convencionales y las estrategias para criar a mis hijos parecen fallar... sentimientos que despiertan cuando me percato de que tengo menos control del que quisiera, sobre lo que pasa en mis hijos... los mismos sentimientos que la mayoría de madres y padres conscientes experimentan y han tenido por querer desesperadamente ser buenos padres.

Me recosté en la mecedora, le canté otros coros más y abracé muy fuerte a Ben.

—¿Sabes algo, pequeñito? —murmuré—. Todo va a salir bien. Antes que te des cuenta, estaremos en casa otra vez.

Ben y yo fuimos al hospital aquel día porque sus oídos necesitaban atención. Dios sabía que los míos también necesitaban algo. Por ello, envió a un gracioso capellán a mi camino para decirme: "Tú eres una buena mamá".

Supongo que usted también necesite palabras de consuelo. Está ante la presencia de un amoroso Padre celestial que tiene un mensaje para usted. Escuche los murmullos de su Espíritu:

"Te estoy observando".

"Estás haciendo un buen trabajo".

"Todo va a salir bien".

"Pronto estarás en casa".

Estímulo adicional: Un sorbo de humor

Una mañana, una abuela fue sorprendida por su nieto de siete años. ¡Él le hizo su café! Ella se tomó el peor café de su vida. Cuando llegó al fondo de la taza, había allí tres pequeños verdes soldaditos. Sorprendida le preguntó:

—Cariño, ¿qué están haciendo estos soldaditos en mi taza?

Su nieto le contestó:

—Abuelita, en la televisión anuncian: "Lo mejor al despertar es «soldados en tu taza»".

<hr/>

Una noche de verano durante una violenta tormenta, una madre arropaba a su niño en la cama. Estaba a punto de apagar las luces cuando él preguntó con temblor en su voz:

—¿Mami, dormirás conmigo esta noche?

La madre sonrió y le dio un abrazo tranquilizante.

—No puedo, cariño —le dijo—. Tengo que dormir en el cuarto de papi.

Luego de un largo silencio el niño dijo con su vocecita temblorosa:

—El gran cobarde…

CAPÍTULO 4
Zonas de guerra

"$\mathscr{L}$*a suave respuesta aparta el furor".*

Proverbios 15:1

Me encariñé con ella. Teresa era madre soltera de tres niñas adolescentes; hacía su mayor esfuerzo porque todo marchara bien. No era muy difícil discernir que estaba clínicamente deprimida. Todas las señales estaban allí. Desórdenes del sueño. A las tres o cuatro de la mañana se despertaba, mirando al techo, sin poder apagar las luces de su cerebro. Su poder de concentración era casi nulo. Tenía los fusibles quemados. La motivación era poca y una agobiante pesadez la aplastaba todo el día.

—De verdad no quiero estar aquí —me dijo durante nuestra primera sesión—. He visto a otros consejeros y no ha servido. Estoy aquí solo porque mi pastor me dijo que viniera y él está pagando la consulta.

Podía decir que estábamos a punto de un comienzo estrepitoso.

—Agradezco tu honestidad, Teresa —le respondí—. Por alguna razón, decidiste venir hoy. ¿Cómo te gustaría usar la hora para que esto no sea una pérdida completa de tu mañana?

Estaba a la defensiva, pero empezó contándome que sus hijas la enloquecían.

—Discuten, pelean —dijo Teresa con tristeza—. Se comportan como si se odiaran entre sí. Gritan. Me ponen apodos y dicen que

31

me odian. Cada vez que les digo no, explotan y me atacan con una palabrería que ni quisiera repetir frente a usted.

Era un cuadro común. Injustas diferencias. Tres hijos contra una bolsa de boxeo (conocida como mamá). Esta pobre mujer sufría un caso severo de fatiga de batalla y honestamente yo no creía que sobreviviera un día más en esa zona de guerra. Había imaginado diferentes formas de escapar y como conclusión consideró que sería mejor para todos que ella desapareciera de la «escena» para siempre. Estaba convencida de que sus hijas estarían mejor sin ella.

Yo sabía que había más en la historia. Tratar con muchachos insoportables es en verdad doloroso, pero por lo general no hace que una mamá quiera claudicar en la vida. Una simple pregunta puso al descubierto el núcleo del asunto.

—¿Qué sucede en su interior cuando oye a sus hijas pelear? —le pregunté.

La represa se rompió y un torrente de emociones se desbordó. En los siguientes minutos, vislumbré la cólera y la culpabilidad que controlaban la depresión de Teresa.

Hacía cuatro años, su esposo la había dejado por una mujer más joven. En ese momento, Teresa tenía treinta y nueve años y lastimada se acercaba a los cuarenta —edad que temía. Sus hijas tenían quince, trece y once años respectivamente y estaban molestas y confundidas. Y con razón. Su padre las había abandonado. Pero su madre era la que estaba deshecha por su granada de metralla. No era justo que ella fuera su terreno de deshecho emocional, pero tenía sentido. Las muchachas sabían que ella era la única que nunca las abandonaría. Ella era su lugar seguro. Esa noción no había cruzado la mente de Teresa. Solo sabía que se sentía miserable y quería renunciar a la vida.

Hablamos un poco del dolor que todas ellas sufrían y luego dedicamos el resto de nuestro tiempo a resolver el problema. Teresa necesitaba llevar a casa herramientas prácticas.

—Teresa, ¿cómo se comportan sus niñas en la escuela? —le pregunté—. ¿Obedecen a los maestros? ¿Son respetuosas con los demás?

—Sí —me respondió—. Me llegan buenos reportes. No son estudiantes brillantes, pero sus maestros me dicen que disfrutan teniéndolas en clase.

—Quiere decir que sus niñas pueden contener el enojo con sus maestros y compañeros de escuela. ¿No es así?

—Sí.

—Entonces quiere decir que son muy capaces de tomar mejores decisiones en casa. Si ellas pueden controlar sus respuestas en la escuela, pueden aprender a hacerlo en casa.

—Me es tan difícil creerle —respondió—. Usted no tiene idea lo terrible que es. No creo que alguna vez pueda callarlas cuando me griten; en especial Cari.

Me explicó que Cari era la hija mayor. Ella establecía las pautas a seguir por las otras.

—Ha mencionado algo bueno —le dije—. Usted no puede controlar lo que sale de sus bocas. Ellas son las únicas que pueden elegir controlar sus palabras. No obstante, tiene el poder de moldear a sus hijas con sus respuestas y dejarles saber qué va o no a tolerar. ¿Está dispuesta a probar algo diferente esta semana?

Estaba indecisa pero aceptó elaborar un plan.

Se desarrolló una estrategia. Teresa decidió que la próxima vez que Cari se exaltara, no le iba a gritar por ser grosera e irrespetuosa. Iba a decirle en tono suave pero firme: "Cari, tengo sentimientos al igual que tú. Cuando me gritas así, me duele. Yo no soy tu enemiga. Estoy de tu lado". Entonces se negaría a entrar en cualquier discusión ulterior hasta que Cari se calmara.

Secundando sus conjeturas, Teresa dijo:

—Sé exactamente cómo me va a contestar Cari. Me dirá: 'Tú otra vez, esperando que yo sea perfecta'. Es su expresión favorita cuando le pido que mejore aunque sea un poquito.

Sonreí y moví la cabeza, entendiendo que esta voluntariosa adolescente sabía cómo cerrar de golpe una discusión.

—Teresa —continué—, usted no debe dejar que Cari la intimide así. Mírela directo a los ojos y dígale: "Cariño, no espero perfección, pero sí simple cortesía".

Seguimos hablando sobre la tremenda culpabilidad que Teresa cargaba por la imperfección que veía en sus hijas. Creía de verdad que sus malas actitudes y conflictos eran culpa de ella. Pensaba que de haber sido una mejor mamá, estas cosas nunca hubieran sucedido.

Intenté desmantelar su falsa culpabilidad con algunas simples historias. Le conté de unos adolescentes que conocía, que jamás pensarían responder con palabras de enojo a sus padres. No era porque sus padres fueran una maravilla en materia de atención o en habilidad para establecer relaciones. Sus padres eran adictos violentos. Los niños obedecían por temor. Se desenvolvían en un medio de supervivencia. No tenían la fuerza interior para retar a sus padres. En verdad, estos niños serían más sanos si hubieran expresado sus opiniones.

También le mencioné acerca de padres que eran sólidos en su fe, que invertían mucho para ser buenos padres y aún así sus hijos tomaban decisiones que provocaban un terrible dolor a toda la familia. Incluso Dios, que es un padre perfecto, tiene hijos que toman decisiones contrarias a Su voluntad.

Hay veces en que las ecuaciones de la vida no tienen sentido. Las cuentas no son lógicas. No todo puede reducirse a la simple teoría de causa y efecto.

—Algunos niños se deslizan en este mundo más mansos y obedientes por naturaleza —le dije—. Otros irrumpen pataleando en la sala de partos, listos para enfrentar el mundo. Los hijos no son apéndices nuestros. Son individuos en su propio derecho, con una voluntad libre y temperamentos genéticamente determinados. Los niños de voluntad fuerte tienden a ser nueces duras de quebrar y corresponde a las presiones de las difíciles circunstancias de la vida traer nuevas definiciones a su personalidad.

Ella reflexionó al respecto por unos segundos y luego echó un vistazo a las fotos en mi escritorio. Vio a mi esposo y los tres niños, todos bien bonitos y sonrientes, ya usted sabe la foto de la «familia perfecta». De alguna manera supe lo que corría por su mente y que al momento expresó:

—¿Alguna vez sus hijos le han alzado la voz? —me preguntó.

—¿Por qué?, ¡nunca! ¡Todos nos llevamos de maravillas!

Luego me reí: —Por supuesto que lo hacen. Y sí, yo también les alzo la voz. Algunas veces no respondo como de verdad quisiera. Pero estoy trabajando en eso y espero seguir mejorando. La vida es a menudo un viaje de tres pasos hacia delante y dos hacia atrás.

La reunión concluyó. Teresa regresó a verme. Y continuó viniendo. Con ayuda de medicina y ejercicio regular, su sueño se restableció, su energía y estado de ánimo comenzaron a nivelarse. Poco a poco, se llenó de coraje para hacer cambios en el hogar. Al superar la depresión, Teresa ofreció a sus hijas alternativas y resultados con más efectividad. Tuvo la fortaleza para definir con claridad las responsabilidades y metas. Los cambios que hizo influyeron a toda la familia. Mientras más alto se erguía, las niñas tendían a encararse más. Aún eran tres contra una en el hogar, pero Teresa con el tiempo comenzó a ver que Dios y una madre soltera eran mayoría.

Un momento crucial se produjo una noche, cuando Cari intentó involucrar a Teresa en una guerra total. Teresa la escuchaba con interés y cuando Cari hizo una pausa para recargar sus municiones, Teresa la tomó por lo hombros y le dijo con suavidad: "Cari, te amo. Me duele cuando me gritas así". Luego dio la espalda, fue a su dormitorio y cerró la puerta con llave.

Media hora después, Teresa escuchó un suave toque en su puerta. Para su asombro, allí estaba Cari con los ojos rojos e hinchados.

—Lo siento mami —le dijo entre lágrimas.

Eso fue hace muchos años. Teresa y yo pasamos muchas horas juntas, procesando el dolor de sus pérdidas y trazando estrategias con relación a los retos asociados a la crianza de los hijos. Hoy, dos de las hijas de Teresa están en la universidad y la más pequeña se acaba de graduar de la escuela secundaria. Sus fuertes voluntades las han impulsado a conquistar logros académicos y participar en actividades extraescolares. Son líderes entre sus compañeras.

El peor temor de Teresa, que sus hijas la abandonaran, nunca se materializó. Yo creo que una de las claves para el progreso de ellas fue la decisión de Teresa de efectuar un helado social —conocido también como reunión familiar— con sus hijas todos los domingos por la noche. Era el tiempo en que Teresa mayormente escuchaba. Con un helado, las muchachas hablaban de cómo les había ido durante la semana. Compartían sus gozos y frustraciones, se ayudaban unas a otras a resolver problemas y oraban juntas.

Mientras más hablaban las muchachas, menos discutían.

Las necesidades emocionales se habían satisfecho. Las reuniones duraban de diez a treinta minutos. No era un gran lapso de tiempo en un horario ocupado. Ah, todavía siguen teniendo sus diferencias y altercados. Pero en la mayoría, los gritos de batalla se silenciaron.

Vi a Teresa en el correo recientemente. Me salió al encuentro y me mostró una tarjeta de Cari hecha a mano. Ella estaba lejos en la universidad, y la tarjeta le había llegado justo para el día de las Madres. En letras grandes decía: "¡Mami, eres la mejor!" Adentro había una carta de agradecimiento por los muchos sacrificios que ella había hecho como madre a través de los años.

Cinco años atrás, Teresa no imaginaba escuchar nada positivo proveniente de Cari.

Esto es para mostrarle que el poder de Dios se puede desatar por medio de una madre soltera que se erguía, mientras daba palabras suaves... y helados.

Estímulo adicional: Un sabor de esperanza

"Jesús puesto en pie, exclamó en alta voz, diciendo: Si alguno tiene sed, que venga a mí y beba. El que cree en mí, como ha dicho la Escritura: 'De lo más profundo de su ser brotarán ríos de agua viva.' Pero Él decía esto del Espíritu."

Juan 7: 37-39

"A menudo, me siento en la oscuridad y grito fuerte para que el Espíritu Santo me libere de las fantasías que rodean y resecan el alma como moscas alrededor de un cadáver descompuesto en el desierto. De igual modo, yo he tenido la lengua amarrada, clamando para que me sea dada articulación y sea libre de la ansiedad que aflige los confines de la tierra. Y nunca, a fin de cuentas, en vano. La promesa de Jesús es válida; el Consolador solo necesita ser invitado. La necesidad es el llamado, el llamado es la presencia y la presencia es el Consolador, el Espíritu de Verdad".

Malcolm Muggeridge[1]

"Mas ahora escucha, Jacob, siervo mío, Israel a quien yo he escogido. Así dice el Señor que te creó, que te formó desde el seno materno, y que te ayudará: No temas... Porque derramaré agua sobre la tierra sedienta, y torrentes sobre la tierra seca; derramaré mi Espíritu sobre tu posteridad. Ellos brotarán entre la hierba".

Isaías 44:1-4

CAPÍTULO 5

La rutina

"*Por tanto, acerquémonos con confianza al trono de la gracia para que recibamos misericordia, y hallemos gracia para la ayuda oportuna*".

Hebreos 4:16 (LBLA)

Era uno de esos días. Lunes por la mañana, atareada en gran medida. Llevé los niños a la escuela, todo lo que deseaba era regresar a la cama. No estaba desanimada o preocupada por algo en particular, tan solo agotada. Mis energías habían sido devoradas por la Liga Infantil, el trabajo de taxista, la lavandería, los quehaceres del hogar, la rivalidad entre hermanos y mucho más durante el fin de semana. Todo en mí gritaba: "¡No, no, no!" a cualquier cosa que exigiera algo de mí.

Mientras tomaba mi taza de café del mueble de la cocina, percibí el «otro» mueble. Usted sabe, me refiero a ese donde se dejan las cosas importantes por cuestión de seguridad. Con lamentos expresé: "Hace apenas tres días que limpié ese mueble".

Nadie se había molestado en obedecer mi rótulo que decía: "¡Aviso! ¡Esto no es basurero! ¡Los que violen esta advertencia serán PROCESADOS!" Una pequeña maravilla, Ben y Nathan no tenían ni la más remota idea de lo que significaba aquella última palabra.

En un buen día, solo me hubiera doblado las mangas, escarbado dentro de esas productivas pilas y hubiera vencido la tarea en una hora. Bueno, al menos hubiera clasificado los papeles y los habría puesto en bonitos cúmulos para que se vieran más ordenados.

Sin embargo, este no era un típico día en que todo se resuelve fácil. Yo estaba en una rutina con muy poca motivación para alcanzar la cima.

Dudo que muchos padres no se sientan así de vez en cuando. La vida tiene formas de cavarnos profundas zanjas en el sendero que nos llevan hasta el mismo fondo del abismo. Un día saltamos, danzamos en el camino, disfrutamos el panorama; al siguiente nos revolcamos en el suelo, encerrados por paredes de lodo. Quedamos atascados en una rutina. Una crisis. Una cobardía. Sea cualquiera el término utilizado, es algo miserable.

Hay días en que nos sentimos perezosos, fuera de sincronización, sin enfoque y temerosos. Algunas veces es difícil que nuestra experiencia tenga sentido. La vida parece confusa. No nos sentimos bien. Nuestras emociones están confundidas. Las presiones de los padres tienen medios de hacer temblar aun a las más seguras categorías.

Existen días en los que estamos demasiado sensibles. Nuestros hijos nos miran en forma inapropiada y queremos romper en llanto. Nuestros esposos nos hacen un comentario benigno y nosotros captamos toda clase de mensajes escondidos. Una tormenta en un vaso de agua. Las montañas de ropa sucia parecen el Monte Everest. Los pensamientos fugaces se convierten en obsesiones.

Un padre me dijo: "Yo sé que estoy en una rutina cuando no tengo el impulso de mover un pañal sucio de la mesa de cambio al recipiente de pañales".

Yo he estado allí y he hecho lo mismo.

¿Qué hace usted cuando se encuentra en una rutina? ¿Busca con desesperación a otras personas para que lo ayuden a sentirse mejor? ¿Busca una pronta reparación de la aceptación? ¿Siente que su día de veinticuatro horas tiene treinta y dos horas de actividad? ¿Toma las cosas en lo personal y trabaja hasta aturdirse? ¿Extrae y escarba un surco en el galón de helado de chocolate con menta? ¿Se convierte en una bolsa de boxeo por no sentirse al máximo de capacidad y piensa que debería estar en óptimas condiciones todo el tiempo?

La verdad es que las rutinas son simplemente otra parte del viaje. En sí no son buenas ni malas. Tan solo son parte de la vida de un cuerpo físico que tiene limitaciones. Son un producto natural derivado por tener cuerpos que se agotan, sienten, se lastiman y espíritus que se desmoralizan.

Algunos días nos sentimos más cansados que otros. Y eso está bien. Quizá ni querramos salir de la cama hasta el mediodía. (¡Aunque eso no sea una opción para los que tenemos hijos pequeños!) Corremos solo con el humo en vez de hacerlo con el tanque lleno. De lo que he oído a puerta cerrada en la oficina de consejería, este es un tema común entre padres ocupados atendiendo más de cien necesidades en un día determinado.

Cuando estamos en una rutina, no tenemos que multiplicar nuestra miseria enterrándonos nosotros mismos bajo dos toneladas de culpabilidad. No tenemos que sentirnos avergonzados o decepcionados por no haber terminado todo lo que aparece en la lista de cosas por hacer. Habrá días en los que simplemente no podremos hacer todo lo que quisiéramos. Nuestro desempeño aun podrá ser inferior al promedio. El continuar forzándonos a nosotros mismos es tan efectivo como presionar más fuerte el control remoto cuando tiene las baterías muertas. No nos conduce a ningún lugar.

A menudo nos encontramos en una rutina seguida de períodos de agotamiento y de rendimiento excesivo. Algunas veces un desplome es una reacción del cuerpo para ayudarse a conservar energía, reagruparse y restaurarse. Nuestros cuerpos son los primeros en decirnos cuándo necesitamos aminorar el ritmo.

La mejor medicina para el síndrome de Desplome es el favor. Nos hacemos un favor a nosotros mismos cuando nos negamos a esperar más de lo que podemos entregar. Nos favorecemos cuando nos permitimos descansar, dormir, jugar, tomar recesos y pasar momentos con Dios. Unos minutos de interacción tranquila con Dios nos puede sacar de la rutina mucho más rápido que el afán, el esfuerzo desmedido y el abrumarnos a nosotros mismos.

Estas son las lecciones que se deben aprender en las rutinas. No siempre entenderemos el completo sentido de las lecciones hasta que avancemos en el transitar. Pero por ahora tenemos que creer que Dios tiene preparado algo bueno, aun en las rutinas. Incluso cuando las cosas no se desenvuelvan como quisiéramos, cuando tengan poco sentido y nos sintamos enterrados bajo las demandas de la vida.

La próxima vez que se encuentre en una rutina, sea gentil con usted mismo. Descanse, tomése un receso, aquiete su mente. La claridad vendrá mejor cuando esté tranquilo que en estado de alteración. Cierre la puerta a la confusión y abra su corazón en la habitación del trono. Pídale a Dios que le hable. Escuche con detenimiento.

Cuando sienta que las paredes caen sobre usted y se desploma incrustado en lodo, recuerde que Dios puede hacer cosas maravillosas con un poquito de fango. Del barro creó a Adán. Con él sanó a un hombre ciego. La mujer culpada de adulterio encontró la libertad mientras leía lo que Él escribió sobre el lodo. Imagino las sorpresas que Él tiene guardadas para aquellos padres agotados de hoy. La regla de la gracia dice que sus bendiciones se pueden encontrar aun en el fondo del abismo.

Estímulo adicional: Un sorbo de humor

Una familia del este estaba planeando sus vacaciones de un mes en las costas del oeste. A última hora, las responsabilidades de trabajo del padre le impidieron ir, pero la madre insistía en que ella podía manejar, así ella y los niños podían ir adelantando. El padre sacó mapas y planeó la ruta así como los lugares en que su familia debería detenerse cada noche.

Un par de semanas después, el padre concluyó sus responsabilidades adicionales. Decidió sorprender a su familia y por ello voló a la costa del oeste sin avisar. Luego tomó un taxi hacia la autopista por la que según su plan de viaje, la familia estaría pasando ese día. El taxi lo dejó a la orilla de la carretera. El padre esperó hasta ver el carro venir y les hizo señas con la mano. Cuando la madre y los hijos pasaron, uno de los niños dijo:

—¿Ese no es papi?

La madre detuvo el carro con un chirrido de gomas, regresó hacía él y la familia tuvo un feliz encuentro.

Luego, un reportero preguntó al hombre el motivo de semejante locura. Él respondió:

—Después que yo muera, quiero que mis hijos puedan decir: "Papi sí que era divertido, ¿verdad?"[1]

CAPÍTULO 6

Los mejores amigos

"*or eso os digo que todas las cosas por las que oréis y pidáis, creed que ya las habéis recibido, y os serán concedidas".*

Marcos 11:24 (LBLA)

Resultaba espeluznante para un pequeño niño dejar atrás a sus mejores amigos y mudarse a un vecindario desconocido en Chicago. La nueva casa era linda, el patio tenía gigantescos arces para subirse, pero aun así no era lo mismo. Darrell extrañaba su otra casa.

Un día se llenó de valor, subió la alta cerca de madera y se asomó a la casa vecina. Sus pequeños nudillos se pusieron blancos al sujetarse de las tablas para poder subir. Las astillas enterradas no lo lastimaron en lo absoluto después que sus ojos vislumbraron algo inesperado —otro niño, casi de su mismo tamaño y edad, que estaba columpiándose solo.

—¡Hola! —dijo Darrell a su vecino.

—¡Hola! —le respondió—. ¿Cómo te llamas?

—Darrell. ¿Y tu?

—Scotty.

—Ah —expresó Darrell, sin saber qué decir después.

—¿Quieres columpiarte? —le preguntó Scotty.

—¡Seguro!

Darrell sonrió y bajó de la cerca.

Desde ese momento, los dos niños se volvieron inseparables. Acostados en la alfombra uno al lado del otro, boca abajo, con los pies en el aire y haciendo descansar la barbilla en las palmas de sus manos, empezaban sus días viendo *Capitán Canguro* y *señor Pantalones Verdes*. No importaba que no pudieran ver si los pantalones eran en verdad verdes en el televisor en blanco y negro.

Darrell amaba los veranos. Pasaban las horas de la tarde haciendo castillos en el cajón de arena, jugando a los indios y vaqueros y subiéndose a los espléndidos arces que estaban en el patio trasero de la casa y que eran mucho más altos que ellos dos. En los días calurosos, corrían entre los chorros de agua que regaban el jardín todo el tiempo permitido por sus mamás. Cuando llegaba el momento en que el bonito y bien cuidado césped crecía demasiado y parecía más un pantano, el carro de helados *Hombre buen humor* sonaba la campanita al doblar de la esquina. Corrían tan rápido como se lo permitían sus cortas piernas. Darrell y Scotty perseguían el carro con sus bolsillos llenos de monedas de cinco centavos. Nada se podía comparar con aquellas sabrosas paletas de helado.

De vez en cuando el padre de Darrell regresaba del trabajo, saludaba a los muchachos y decía: "¿Les gustaría ir a comer hamburguesas?" En cinco minutos exactos subían a la nueva y brillante camioneta Ford Edsel roja y blanca, hacían una colecta para comprar hamburguesas por doce centavos y batidos por veinticinco.

Un día a la semana, Darrell y Scotty se separaban: los domingos. Cuando Darrell se vestía con su mejor ropa, Scotty andaba en atuendo de dormir. Darrell suplicaba a su amigo que lo acompañara a la iglesia, pero la familia de Scotty siempre tenía otras cosas que hacer. Nunca funcionó.

En un caluroso día de verano el padre de Darrell anunció que había aceptado un nuevo trabajo y que la familia se iba a mudar a otra casa. Al principio, Darrell estaba emocionado por la nueva aventura, pero pronto comprendió que eso implicaría dejar atrás a Scotty. Esa noche, Darrell lloró hasta quedarse dormido. No podía imaginar el no poder jugar con Scotty.

Por fin llegó el día de la gran mudanza. Cuando la última caja se puso en la camioneta, Darrell y Scotty se abrazaron una o dos veces y se dieron el último triste adiós. La madre de Darrell limpió sus lágrimas mientras miraba a su pequeño experimentar su primera pérdida importante.

Después de muchos días, la madre de Darrell notó una melancolía en los ojos de su hijo. Sabía que la vida estaba llena de pérdidas y decepciones para su pequeño hijo y quiso ayudarlo a aprender una lección importante. Lo sentó en sus piernas y le dijo:

—Cariño, aunque ya no vivamos cerca de Scotty y no podamos verlo todos los días, hay algo que podemos hacer por él.

Un indicio de esperanza apareció en el rostro de Darrell y preguntó:

—¿A qué te refieres?

—Podemos orar por él.

A Darrell no le pareció la idea tan emocionante como el jugar ambos con chorros de agua o compartir un helado, pero decidió poner en práctica la idea. Cada mañana oraba por Scotty antes del desayuno, volvía a hacerlo cuando *Capitán Canguro* y *señor Pantalones Verdes* aparecían en la televisión. La hora de la comida se volvió un ritual de bendiciones: "Gracias Dios por esta comida y bendice a Scotty". Cada noche al terminar sus oraciones, Darrell pedía a Dios una cosa más: "...y por favor, Dios, bendice a Scotty".

* * * *

Darrell empezó la escuela, pasaron los años y terminó la secundaria, la escuela superior, la universidad y se graduó. Se casó y comenzó su propia familia. A menudo cuando escuchaba las campanas de un carro de helados u observaba a sus propios hijos jugar entre los chorros, pensaba en Scotty y recordaba a aquel niño que había sido su primer mejor amigo.

Hace un tiempo, , su esposa y sus cuatro hijos tomaron vacaciones y visitaron la antigua casa con los gigantescos arces. La reja ya no existía, los árboles habían crecido el doble. Darrell contó a sus hijos acerca de los días tan divertidos que pasó con Scotty, el niño que vivía al lado. Cuando les hubo contado suficiente, se montaron en la radiante minicamioneta roja, e hicieron una colecta familiar para ir al McDonald's de la ciudad en busca de hamburguesas de $0.70 y malteadas por $1.50.

Fieles a la tradición familiar, a la mañana siguiente decidieron visitar la Iglesia Comunitaria Willow Creek. Los viejos himnos evocaron memorias de los días pasados. Lo que más conmovió a Darrell fue lo sucedido en el vestíbulo de la iglesia después del servicio. Cuando ellos iban saliendo, su madre captó su atención:

—Darrell, quiero que conozcas a una familia que acaba de empezar a asistir a la iglesia.

Darrell se volvió pasa saludar a un hombre calvo de mediana edad, a su esposa y a sus dos hijos.

Al examinar con esmero los ojos de este hombre, su madre le preguntó:

—¿Recuerdas?

Al momento lo reconoció.

—¡Tú eres Scotty! —exclamó Darrell—. ¡Mi primer mejor amigo!

Después de treinta y siete años, se abrazaron una y otra vez maravillados de que sus caminos se cruzaran una vez más.

Para un adulto, observador frívolo, las oraciones de un niño pueden resultar insignificantes y sin sentido. Una pérdida de tiempo. Ilusiones. Una colosal majadería sentimental. La madre de

Darrell vio las cosas desde otra perspectiva. Estaba convencida de que las oraciones de dos palabras de su hijo como: "Bendice a Scotty" harían una diferencia. Las oraciones simples fueron significativas. Enseñó a su hijo a usar su dolor como trampolín para orar.

Esto demuestra que la elocuencia sofisticada y la retórica, no importan mucho. Una simple oración de fe puede cambiar una vida, aun después de treinta y siete años. Esa verdad se aplica tanto a pequeños que miran *Capitán Canguro,* como a hombres y mujeres adultos que observan a sus nietos ondear su billete verde de un dólar mientras intentan alcanzar el carro de los helados.

Estímulo adicional: Un sabor de esperanza

"Los problemas humanos nunca son mayores que las soluciones divinas".

Irwin W. Lutzer[1]

―――⚬⚬⚬⚬―――

"Porque todo el que pide, recibe; y el que busca, halla; y al que llama, se le abrirá".

Lucas 11:10 (LBLA)

―――⚬⚬⚬⚬―――

"No ore por cargas ligeras sino por espaldas fuertes".

Theodore Roosevelt[2]

―――⚬⚬⚬⚬―――

"Por nada estéis afanosos; antes bien, en todo, mediante oración y súplica con acción de gracias, sean dadas a conocer vuestras peticiones delante de Dios. Y la paz de Dios, que sobrepasa todo entendimiento, guardará vuestros corazones y vuestras mentes en Cristo Jesús".

Filipenses 4:6-7 (LBLA)

CAPÍTULO 7

A Dios le interesa lo que es importante para nosotros

"¿Sufre alguno entre vosotros? Que haga oración".

Santiago 5:13 (LBLA)

John y yo hemos conocido a Jill y Theo por años. Sus gemelos, Jeff y Ted, integraban el primer grupo de estudiantes de escuela superior que John pastoreó hace mucho tiempo. Vimos a estos guapos jóvenes y a su hermano menor, Eric, hacerse adultos, casarse y formar sus propias familias. Conversaba con Jill hace poco y me contó una historia familiar que pasaría a sus futuras generaciones. Es la clase de recuerdos que los padres agotados necesitan y usted disfrutará leerla a sus hijos también. Dejaré a Jill que cuente la historia en sus propias palabras...

* * * *

Por ser Jeff y Ted gemelos idénticos, les compramos bicicletas amarillas idénticas, modelo Schwinn Stingray, cuando tenían diez años. Como la mayoría de los dinámicos muchachos americanos de su edad, aprovechaban cada momento para disfrutarlas por el vecindario en escapadas aventureras. Su rutina era como la de un reloj. Después de la escuela, hacían su tarea y montaban sus bicicletas hasta la hora de la cena.

Una noche, devoraron sus alimentos, nos pidieron permiso para dejar la mesa y salieron apresurados. Segundos después escuchamos un grito frenético.

—¡Hey! ¿Dónde está mi bicicleta? ¡Oh, no! ¡Robaron mi bicicleta!

Theo y yo salimos corriendo y nos dimos cuenta de que nos habían robado.

No lo podíamos creer. Mientras nuestra familia cenaba, alguien entró a nuestro garaje y se llevó la bicicleta de Jeff.

—¿Por qué mi bicicleta? —se lamentó Jeff.

—Ah, seguro te hubiera gustado que se llevaran la mía —intervino Ted.

—No, no es eso. Simplemente no puedo creer que ya no esté.

Los niños estaban devastados, Theo y yo, furiosos. Después de todo la bicicleta era costosa.

Estábamos todos en el garaje, aturdidos y decepcionados, cuando Theo dijo:

—Esperen un minuto, niños ¿recuerdan lo que hablamos el otro día? ¿Se acuerdan por qué íbamos a orar cuando las cosas no salieran bien? Bueno, eso es lo que necesitamos hacer ahora mismo.

Jeff exclamó: —Creo que de algo servirá.

—Todos nos tomamos de las manos en el garaje. Theo oró para que la persona que robó la bicicleta se sintiera agobiada por la culpabilidad.

—Sí, Dios, haz que se sienta muy culpable —agregó Jeff con fervor.

Theo siguió orando para que el ladrón abandonara la bicicleta y que ésta regresara a nosotros. Un "Amén" de corazón pronunciamos todos.

Pasó un día sin saber nada al respecto. Pasaron dos. Transcurrió una semana. Ted intentaba mitigar el golpe dejando que Jeff usara su bicicleta por turnos. Pero aun así, era difícil para Jeff. Yo me sentía triste al ver a mi pequeño hijo quedarse atrás mientras su hermano y sus amigos iban a gran velocidad en sus bicicletas por el vecindario. Pasaron algunas noches y le dije a Theo que necesitábamos considerar el comprar otra bicicleta.

—Esperemos unos días más —dijo él con seguridad—. En realidad creo que la bicicleta va a regresar.

Yo quería creerlo, pero después de varios días de espera estaba decepcionada.

Al siguiente día, yo estaba ordenando la casa, cuando sonó el teléfono. Una mujer en la otra línea dijo:

—¿Ustedes perdieron una bicicleta amarilla?

—¡Sí! —grité—. ¡La robaron de nuestro garaje!

—Bien, creo que la encontré —continuó—. Esta mañana cuando fui a recoger el periódico, mi perro salió corriendo, atravesó la calle y llegó hasta el bosque. Es una perra doméstica, yo me preocupé de que se fuera a perder, así que fui tras ella. Me adentré al bosque, llamándola por su nombre una y otra vez. Cuando paré para agarrar aliento, la escuché ladrar y seguí el ladrido. La encontré ladrando con desesperación a una bicicleta amarilla como si esta fuera un perro traspasando su césped. Imaginé que la bicicleta había sido abandonada por no haber nadie por allí. Me fui a casa pensando que alguien regresaría por ella, pero algo adentro me dijo que regresara y la llevara a casa conmigo.

Haciendo pausas para tomar aliento, la mujer continuó.

—Luego de observarla bien, vi que tenía una calcomanía con un número de identificación. Me sentí obligada a llamar a la tienda. Ellos revisaron sus reportes y me dieron su nombre y número de teléfono. Es evidente que usted se mudó desde que la compró porque el número que ellos me dieron está desconectado. Llamé a información y me dieron este número. Bueno, es una historia larga solo para decirle que yo tengo su bicicleta y si quiere venir a recogerla, le diré cómo llegar.

Dibujé un mapa de cómo llegar a su casa y le conté la buena noticia a Theo, Jeff y Ted. Los niños brincaron como canguros y suplicaron partir en *ese* momento.

Antes de subir al carro, Theo dijo:

—¿Jeff te acuerdas de la oración que hicimos después de perderse tu bicicleta?

Los ojos de Jeff se agrandaron como monedas de plata y con la energía de un niño de diez años almacenada por siete días gritó:

—Dios sabía de verdad cuánto quería yo que mi bicicleta regresara, ¿verdad papi?

Ahogándose en lágrimas, Theo dijo:

—Sí, Jeff. A Dios le interesa todo lo que es importante para nosotros.

Encontramos la casa de la buena samaritana a unos kilómetros de distancia, con la bicicleta de Jeff a salvo afuera. Estaba sucia pero aún en buenas condiciones. La gratitud de Jeff estaba reflejada en su cara y era la única recompensa que la mujer necesitaba. Theo y yo expresamos nuestra gratitud a esta persona completamente desconocida por devolvernos la bicicleta.

No estoy segura de lo que nuestra «tenaz y determinante» amiga pensó aquel día que llegamos a su casa. A menudo me pregunto si ella percibió que estaba siendo una ayuda del cielo al contestar las desesperantes oraciones de un niño, diecisiete días atrás en un frío y oscuro garaje.

Hoy, Jeff y Ted ya están casados y tienen sus propios hijos. Ellos también tienen momentos en los que se sienten agobiados, desanimados y consumidos por los retos que se presentan en la crianza de los hijos. Pero su mamá y papá les enseñaron bien. Cuando las cosas salen mal, toman unos minutos y paran, unen manos con sus seres queridos y piden ayuda a Dios. De todas las memorias de su infancia que tienen archivadas, la historia de la bicicleta amarilla es un recuerdo fresco de la esmerada atención de Dios en cada detalle de sus vidas. Y usted puede asegurar que algunas noches a la hora de la cena, sus hijos escucharán que a Dios le interesa lo que es importante para ellos también.

No obstante, yo tengo la ligera sospecha de que la puerta del garaje está bien cerrada y con triple llave.

Estímulo adicional: Un sorbo de humor

Un ministro caminó cerca de un grupo de adolescentes que estaban sentados en el césped de la iglesia y paró para preguntarles qué hacían.

—Ah, nada, pastor —contestó uno de ellos—. Solo vemos quién dice la mayor mentirilla sobre su vida sexual.

—¡Muchachos, muchachos, muchachos! —entonó el ministro—. Estoy perplejo. A su edad, ni siquiera pensé nunca en besar a una muchacha.

Los muchachos se miraron entre sí y luego, todos contestaron al unísono:

—¡Usted ganó, pastor!

"¡Si hubiera una fuente de la juventud, casi seguro que tendría cafeína!"

Sherri Weaver[1]

CAPÍTULO 8

Oraciones filtradas

"*C*on toda oración y súplica orad en todo tiempo en el Espíritu...."

Efesios 6:18 (LBLA)

Tengo unas amigas que pasan horas cada día intercediendo en oración. Sus hijos ya son adultos y se han ido, así que ellas pueden dedicar más tiempo a interceder. Yo no estoy en la misma fase de la vida. Sin dudas, oro todos los días y tengo un diario de oración en el que escribo con regularidad. Pero durante estos años tan ocupados en los que mis tres hijos consumen la mayoría de mis horas despierta, también encuentro fortaleza en oraciones pequeñas. Me gusta llamarlas «oraciones filtradas».

Todas estas oraciones cortas, recursos de poder, se manifiestan a través de los evangelios:

Los discípulos oraron: "¡Señor, sálvanos!"
La madre atormentada oró: "¡Señor, ayúdame!"
El soldado clamó: "Señor, mi siervo está sufriendo...."
El maestro de la Ley dijo: "Maestro, te seguiré...."
El leproso dijo: "Señor, tú puedes limpiarme...."
El ciego gimió: "Ten misericordia de nosotros, Señor...."
Hoy, mis oraciones pequeñas son algo así:
"Rodéanos con tu amor".
"Enséñame".

"Llénanos con tu Espíritu".

"Ayúdame a ser paciente".

"Por favor da sabiduría a los niños".

"Los niños necesitan ser guiados por ti".

"Gracias, Señor". "¡Qué tremendo, Dios! ¡Tú eres maravilloso!"

Algunas oraciones son pedidos de ayuda. Otras, un simple reconocimiento de los hechos. La forma o apariencia de las oraciones en realidad no importa. No hay restricciones de cómo o cuándo se deben filtrar. Envíelas hacia el cielo mientras coloca las muñecas o los carritos en la caja de juguetes por enésima vez, al hacer la fila en el supermercado, o en un congestionamiento de tráfico.

Para aquellos de nosotros que somos padres agobiados, lo más importante es conectarnos con Dios y ligar el alma a nuestra fuente divina. Así como un suave toque al interruptor genera poder para iluminar un cuarto, también nuestras pequeñas oraciones nos conectan con Dios y desatan su energía, que nos fortalece para enfrentar el día.

Estímulo adicional: Un sabor de esperanza

"Dios mira las intenciones del corazón, antes de las ofrendas que recibe".

John Pierre Camus[1]

—————∞/∞—————

"La mente del hombre planea su camino, pero el Señor dirige sus pasos".

Proverbios 16:9 (LBLA)

—————∞/∞—————

"El Espíritu de Dios cambia mis deseos dominantes; modifica las cosas que importan y un universo de deseos nunca antes conocidos súbitamente aparecen en el horizonte".

Oswald Chambers[2]

—————∞/∞—————

"Con sabiduría se edifica una casa, y con prudencia se afianza".

Proverbios 24:3 (LBLA)

—————∞/∞—————

"De la boca de los bebés salen cosas que debimos haber dicho en primer lugar".

Anónimo [3]

CAPÍTULO 9

Una cura para el síndrome de desgaste familiar

"Con este fin también nosotros oramos siempre por vosotros para que nuestro Dios os considere dignos de vuestro llamamiento y cumpla todo deseo de bondad y la obra de la fe, con poder".

2 Tesalonicenses 1:11 (LBLA)

Si usted es como yo, podrá identificarse con el adagio: "El trabajo del padre nunca termina". Tenemos mucho que hacer, en muy poco tiempo. La frustración y la culpabilidad se acumulan cuando no podemos estar en tres lugares a la vez. Es un acto de malabarismo mantener el equilibrio de la vida familiar. Hay épocas del año en que el guión cinematográfico de nuestro hogar debería titularse *La pequeña casa sobre la autopista* en vez de *La pequeña casa en la pradera*.

Es sorprendente el cambio tan rápido que pueden experimentar los horarios de una semana a otra. Las rutinas se vuelven caóticas durante la noche. Los calendarios se llenan y asfixian cualquier tiempo libre.

No hace mucho, nuestra familia tuvo algunas sacudidas provenientes de usted sabe dónde por varias semanas. Ben empezó a jugar fútbol con su papá como entrenador de su equipo. Las prácticas eran dos noches por semana y los juegos, los sábados. Jessie ya integraba un equipo de voleibol, asistiendo a prácticas y juegos tres tardes por semana. Mientras la recogía después de sus actividades, John y Ben comenzaban las suyas. Estas idas y venidas se añadieron a nuestras vidas que ya estaban colmadas con la escuela, la iglesia y las obligaciones del trabajo. Consideramos instalar una puerta giratoria a la entrada de nuestra casa.

Después de un par de semanas de esta nueva rutina de carreras, yo estaba agotada. Sentía como si nuestra familia hubiera sido tragada en un tornado, y girara en todas direcciones. Casi a rastras llegué a la cama esa noche percatándome de que no habíamos tenido una cena juntos por dos semanas. Eso me angustiaba. Esas no habían sido mis intenciones. ¿Cómo sucedió?

La cena siempre había sido el momento en que nos conectábamos entre sí luego de un día saturado. John y yo disfrutábamos escuchar acerca de las experiencias de nuestros hijos en la escuela y lo que pasaba por sus mentes. Había ocasiones en las que preguntábamos: "¿Qué pasó en la escuela hoy?", solo para que los niños se encogieran de hombros y dijeran: "Nada". Pero por lo general, podíamos distinguir pinceladas de sus mundos mientras devorábamos los cuatro grupos básicos de alimentación. Era una pequeña porción del día que yo consideraba de ayuda para que nuestra familia estableciera un sentido de «nosotros».

Ese viernes por la noche, me cubrí con la sábana y mentalmente repasé la semana una vez más. Cuando divisé lo acontecido, una escena de la oficina de consejería se hizo presente. Yo estaba sentada frente a una muchacha de dieciséis años, que me contaba lo que funcionaba «mal» en su casa. En medio de una larga lista de quejas, ella dijo: "Nunca compartimos una comida en familia. Cada uno toma algo del refrigerador y lo come frente al televisor". Luego dijo algo que me sorprendió, por venir de una adolescente independiente y un poco rebelde. Mirando hacia el piso, movió la cabeza y exclamó: "No se siente como si fuéramos una familia".

Mientras miraba al techo, me identifiqué con ella. No sentía que fuéramos una familia al menos en los últimos catorce días. Supe que las cosas tenían que cambiar. De alguna forma debíamos encontrar algún método de reunirnos nuevamente y conservar alguna energía positiva para los nexos familiares.

No recordaba que la vida fuera tan agitada cuando era pequeña. Cenar juntos era un hecho. Mamá cocinaba. Comíamos. Algunas veces papá no estaba en casa por viajes de negocios, pero aun así, el resto nos reuníamos en la mesa.

Esas memorias me dejaron con otro dilema. Enfrenté el reto de resolver los conflictos entre las estancadas expectativas de la historia de mi familia y la realidad de mi actual vida cotidiana. Tenía dos opciones: quedarme atrapada y enterrarme bajo un cúmulo de culpabilidad acumulada o encontrar una solución. Ya que odio el juego de la culpa, escogí resolver el problema.

Planeamos una parrillada para el domingo en la tarde y una discusión de mesa redonda sobre el asunto. Yo quería que todos me ayudaran con ideas creativas y geniales, respuestas, en fin, cualquier cosa que nos ayudara a rescatar lo perdido. Quería conseguir un compromiso colectivo.

Bien, en una noche no obtuvimos la cura completa para nuestro síndrome de desgaste familiar, pero sí salimos con algunas ideas. Cuando vimos el trabajo, la escuela y los horarios de deportes para la siguiente semana, descubrimos que había tres noches en las que podíamos comer juntos si lo hacíamos más tarde de lo acostumbrado. Durante la cena, se activaría la contestadora automática del teléfono. Papi y mami pondrían a un lado su función de disciplinarios. Las correcciones tendrían que esperar. La mesa para la cena carecía de límites como campo de descargas emocionales.

Los niños decidieron que querían cambiar la noche familiar para los domingos. Esa es nuestra noche en la que comemos temprano, jugamos, hacemos palomitas de maíz, nos sentamos alrededor de la chimenea, miramos una película o lo que escoja el grupo. Es el momento separado para reconectar y fortalecer los lazos familiares.

El viejo dicho dice: "Si no estás apuntando a nada, seguro que a eso le darás". Esa certeza se aplica a la edificación de familias fuertes. En nuestra ajetreada y apresurada cultura, tenemos que pelear por la unión porque hay muchas tentaciones engañosas que nos separan el uno del otro. Yo creo que esta es una sutil artimaña de Satanás para destruir nuestro bienestar emocional y espiritual.

La calidad de vida familiar se deriva de las elecciones individuales diarias. La mayoría de nosotros tenemos mucho más poder del que creemos para establecer cambios positivos. Si nos sentimos atrapados, no nos tenemos que quedar así. Siempre habrá fuerzas externas que tratarán de separarnos, pero no tenemos que permitirles que por descuido, gobiernen nuestras vidas. Nosotros podemos tener la intención y actuar. Podemos decidir hacer ajustes y mejoras.

No me interprete mal. Nuestra familia no siempre acierta todos los días de cada semana. Pero lo estamos más que durante aquel frenético y enloquecido trecho. Aun cuando las cosas no salen como planeamos, tengo paz sabiendo que estamos proyectándonos activamente hacia la meta de horarios sanos y estrechos vínculos familiares. Me conforta saber que Dios quiere ayudarnos para que nuestras intenciones se materialicen. Cuando nuestros esfuerzos fallan, Dios es fiel. Su poder y gracia, nos ayudarán a movernos en la dirección correcta.

¿Cómo estuvo su semana? Si la tela de su vida familiar se despedaza, actúe. No cruce tan solo los brazos y diga: "Todo mundo está ocupado y con tensión. Así es la vida en nuestra sociedad apresurada de hoy". Reúna a su tropa y tomen decisiones drásticas. Despeje su calendario. Cancele algunas actividades. Regule sus rutinas. Renueve sus responsabilidades. Venza la sobrecarga. Luego coseche las recompensas de pasar más tiempo con las personas más importantes de su vida.

Estímulo adicional: Un sorbo de humor

* Usted sabe que está fatigado cuando se sienta en una señal de alto, esperando que cambie a verde.

* Sabe que está fatigado cuando se para frente al refrigerador pensando si acaba de colocar algo dentro de él, o si necesita sacar algo de él.

* Sabe que está fatigado cuando se encuentra lamiendo la parte inferior de la cafetera.

* Sabe que está fatigado cuando envía a sus niños donde el vecino para que le preste una taza de Prozac.

〜〜〜〜〰〜〜〜〜

De la boca de los bebés....

Querido pastor:
Sé que Dios ama a todos, pero él nunca conoció a mi hermana.
Ben, siete años.

Querido pastor:
Por favor haga una oración por la bandera de nuestro equipo de fútbol. Necesitamos la ayuda de Dios o un corredor.
Tommy, nueve años.

Querido pastor:
Mi padre me dice que debo aprender los Diez Mandamientos. Pero no creo que quiera, pues ya tenemos muchas reglas en mi casa.
Jeremy, seis años.

Querido pastor:
¿Hay algunos demonios en la tierra? Creo que hay uno en mi clase.
Carla, diez años.

CAPÍTULO 10

Fiesta de cumpleaños

"*D*ios no olvida el clamor de los afligidos.*"*

Salmos 9:12 (LBLA)

Si usted no ha leído la historia de su traumático arribo a este mundo en *Angel Behind the Rocking Chair,* entonces debe saber que el nacimiento de Nathan fue una sacudida sísmica para nuestra familia. Nuestro paquete sorpresa llegó con seis semanas de anticipación, complicaciones del corazón que amenazaban su vida y con el síndrome de Down.

Como terapeuta, una de mis áreas de especialización es trabajar con personas que sufren de desórdenes emocionales postraumáticos. Estas personas experimentaron un acontecimiento catastrófico o algo que los expuso a una seria amenaza, a ellos o a un ser querido. Algunas víctimas de trauma tienen alucinaciones, pesadillas y con frecuencia se les hace difícil dormir en la noche y concentrarse durante el día.

Durante los años siguientes a la llegada de Nathan, me fue difícil admitir que *yo* batallaba con algunos de estos síntomas. Sufría de sentimientos espontáneos de pérdida inminente, temores irracionales de que algún miembro de la familia sería lastimado o asesinado y una intensa sensación de ansiedad que nunca antes había conocido.

El temor de que Nathan muriera fue legítimo por un momento. Luego las cosas cambiaron. Dios sanó su corazón y la fortaleza de Nathan aumentó. La posibilidad de perderlo ya no era una realidad médica. No obstante, el asunto quedó en mí porque mis temores nunca se calmaron.

Utilicé todas las intervenciones terapéuticas que conocía para combatir la inoportuna ansiedad. Sanos monólogos, diversiones, interrogatorios con amigas, ejercicio, oración, lectura de la Biblia, canto de alabanza. Todo lo que usted pueda pensar, yo lo hice. Y muchas veces, encontré alivio.

Pero hubo un día cuando... bueno, el alivio no llegó.

Era el noveno cumpleaños de Ben. Diez niños nos acompañaron a la pista de patinaje local para disfrutar de pastel de chocolate, helado, regalos y un momento para patinar hasta el cansancio. Acababa de salir de la pista de patinaje luego de bailar el Hokey Pokey con Nathan cuando esto sucedió... otra vez. Una ola amenazadora me sobrevino; batallé con imaginaciones oscuras. Veía que uno de los niños se lastimaba.

Esto es ridículo —me dije a mí misma—. *No voy a aceptar este temor. ¡Es el cumpleaños de uno de mis hijos!*

Oré: "Señor, te agradezco por todos los niños que vinieron hoy a la fiesta de Ben. Por favor protégelos de cualquier daño y peligro. Mantenlos a salvo y cuida este momento que disfrutamos juntos."

Luego me forcé a concentrarme en algo diferente y el temor se desvaneció.

Como una hora después Ben y su amigo, a quien llamamos "El pequeño Ben", patinaban alrededor de la pista con John. El pequeño Ben dijo:

—John, déjame patinar por debajo de tus piernas.

Se encogió y se deslizó suavemente por debajo de John.

Tomé la cámara y les grité:

—¡Hey, muchachos! Háganlo otra vez para tomarles una foto.

Se prepararon para una segunda ocasión, el pequeño Ben tomó posición, apuntó y una vez más se deslizó con un estilo perfecto. Los muchachos sonreían de oreja a oreja.

Y una vez más. Ahora era el turno de Ben. Se alineó, se agachó, se dirigió a las piernas de John... y de repente, una colisión estremecedora. El patín de Ben se enredó con el de John y ambos salieron volando por el aire. John aterrizó sobre Ben, golpeándole la cabeza contra el piso. De repente me di cuenta de que tomaba fotos de una gran aniquilación. Lo siguiente fue ver a Ben agarrándose la boca llena de sangre y gritando frenéticamente: "¡Mi diente! ¡Mi diente! ¡Mi diente!"

Con la adrenalina corriendo por la venas, brinqué la baranda para ayudar. Lo suficiente segura, a través de la sangre pude ver que la mitad de los dos dientes delanteros de Ben se habían ido. Los ojos de John se encontraron con lo míos y reflejaron el pánico y la alarma que yo sentía.

Intentando animar a Ben, John le dijo:

—Todo va a salir bien, Ben. El dentista puede arreglarte los dientes. Tú eres un muchacho valiente. Vamos, salgamos de la pista.

John se llevó a Ben al baño para traer toallas, yo tomé el celular y llamé al dentista. Hicimos contacto con él justo a tiempo. El doctor Monnes se ponía su abrigo para marcharse pero nos dijo que lleváramos de inmediato a Ben a su clínica. John se quedó en la pista hasta que llegaron los padres de los otros niños. Llevé a Ben a la clínica del dentista y me senté a su lado mientras el doctor trabajaba en su boca.

Por fuera, mantuve compostura por el bien de Ben. Por dentro, era un torrente de emociones turbulentas. Estaba triste porque los preciosos dientes permanentes de Ben se habían arruinado; enojada porque este percance ocurrió después de mi ferviente oración por protección. En el camino a la clínica del dentista, no sabía para qué me había molestado en orar. Sentía como si Dios hiciera caso omiso a mis oraciones. ¡Quería tanto despojarme de los temores irracionales que me habían inundado desde el nacimiento de Nathan! Había progresado...y ahora esto.

Me senté al lado de Ben y helada observaba el procedimiento. Pregunté al doctor si los nervios estaban vivos. Si habían sufrido daños severos, Ben necesitaría dos empastes de raíz y capas permanentes. El doctor Monnes no estaba seguro y me dijo que necesitábamos observarlos y esperar. No sabía de dónde procedió la energía, pero interrumpí el proceso y dije:

—Quiero que se detenga por un minuto y oremos por Ben y sus dientes.

El doctor y su asistente accedieron y pararon por un momento.

Con mi mano en el pecho de Ben, dije: "Dios, toca por favor los nervios de los dientes de Ben y haz que vivan. Dale a Ben tu paz. Y por favor, Señor, bendice al doctor Monnes en todo lo que está haciendo para ayudar a Ben. Amén."

Ben se quedó tranquilo mientras el doctor Monnes ligó con habilidad el material preparado a las piezas que quedaron, formando dos dientes como de adulto.

Dos horas después, Ben saltó de la silla con dos dientes delanteros «nuevos» y pidió ir a Burger King. Me maravillé de su adaptación y en secreto deseé haber aceptado el percance tan fácilmente como él.

"¿Dios, qué pasó?" —le interrogué una y otra vez esa noche. Es una pregunta que muchos padres hacen cuando las oraciones por sus hijos parecen no ser respondidas.

Al día siguiente, me fui a caminar con mi amiga . Le conté de la crisis ocurrida en el cumpleaños de Ben y de mi aturdimiento. Ella es una amiga muy sabia, me dijo:

—No hay un patrón de respuestas para situaciones como esta, pero creo que Dios te dará una personal a ti.

Dije a Joy lo mucho que quise escuchar la perspectiva de Dios y luego expresé:

—De verdad no debí lamentarme. Esto es nada comparado con lo que mi primo Jim y su esposa Susana, han pasado.

Caleb, su hijo de doce años, sufre de complicaciones serias del corazón. Un día Jim, un médico, había regresado de su acostumbrada corrida y se examinaba el pulso. Caleb le pidió que lo hiciera con él también. Para horror de Jim, descubrió que el corazón de Caleb palpitaba tan rápido que ni siquiera podía contar las palpitaciones. En estado de reposo, su pulso estaba fuera de proporción. Jim llamó de inmediato al hospital y ordenó una serie de exámenes para el siguiente día. El descubrimiento fue «accidental». La familia no estaba advertida acerca de la condición del corazón de su hijo. Él era un gimnasta consumado y su apariencia denotaba una espléndida juventud, con una salud plena. Después de siete horas de exámenes, los doctores diagnosticaron taquicardia ventricular, una condición que causa la muerte. Se probaron muchos medicamentos pero no sirvieron.

Cuando terminé de contarle a Joy esta historia, una mirada curiosa asomó en su rostro y dijo:

—¿No son esos los mismos primos del pequeño al que Dios sanó los dientes?

Tenía razón. De alguna manera ella recordó la historia que yo le había contado durante una de nuestras caminatas el verano anterior, una historia que yo había olvidado hasta que ella la mencionó.

"Lucas el hijo de Jim y Susana nació sin la raíz de uno de sus dientes permanentes. Los rayos X revelaron esto en un chequeo de rutina cuando él tenía siete años. Susana y Caleb tenían la misma condición. Cuando los niños se acercaron a la edad en que sería necesaria la ortodoncia, Susana se vió emitiendo un cheque tras otro para el tratamiento. Una amiga la animó a orar por los dientes de sus hijos en vez de resignarse pasivamente a que los seis necesitaran aparatos de ortodoncia. Susana pidió a Dios que guiara los dientes de su hijos al lugar correcto de la boca.

Tiempo después, cuando Lucas tenía siete años, fue al dentista para hacerse el examen anual y la limpieza. Se le tomaron nuevos rayos X. Cuando la enfermera entregó los resultados al dentista, este los revisó y luego dijo:

—Usted me dio las radiografías equivocadas. Estas no son las de Lucas. Deben ser las de otra persona.

La enfermera las examinó de nuevo y aseguró al dentista que sí eran las de Lucas. Con un examen más profundo, el dentista se percató de que en efecto eran las correctas y que estaba a las puertas de algo inexplicable. Dejando al niño en la silla, fue a la sala de espera a mostrarlas a Susana.

—¡Mire esto! —le dijo—. Los rayos X que se le tomaron anteriormente indicaron que faltaba la raíz de un diente permanente. ¡Las de hoy muestran que hay un diente en el mismo espacio!

—¡Qué tremendo! —exclamó Susana—. ¿Cree usted que este es un genuino milagro dental?

El dentista movió la cabeza y dijo que nunca había visto algo similar.

Con la historia de Lucas fresca en mi mente, dije a Joy:

—Bien, pensemos en esto. Oré por mi hijo y la mitad de sus dientes delanteros se cayeron. Susana oró por el suyo y ¡vamos! le aparece un diente de la nada. ¿Qué hago con eso?

Con una sonrisa, Joy respondió:

—Es obvio. La única conclusión es que Dios tiene favoritismos.

Ambas reímos, sabiendo que ninguna de las dos creía que eso fuera cierto. Pero mi pregunta seguía dando vueltas. Terminamos nuestra caminata y decidimos que el dilema era muy complejo para pretender analizarlo en ese momento.

En los días que siguieron, pedí a Dios que me hablara. Necesitaba ánimo y perspectiva. Durante los momentos de quietud frente a la chimenea, escribí algunos pensamientos en mi diario en forma de instrucciones personales de Dios para mí.

• "No supongas que tus oraciones no fueron respondidas simplemente porque las cosas no acontecieron como tú querías. Las cosas pudieron ser mucho peor."

• "Ríndete otra vez a mi soberanía sobre tu familia. Sin importar lo que pase, yo estoy contigo."

• "Estoy mucho más preocupado por el carácter que por los cosméticos. Benjamín mostró valor y paciencia. Celebra la fortaleza de su carácter."

• "Oraste por fortaleza. Anhelabas ser tan flexible como tu hijo. Vi esta flexibilidad en ti cuando luchabas con la duda y aún instintivamente oraste por los dientes de Ben en la clínica del dentista."

• "Deja que tu ansiedad sea un recuerdo de tu absoluta dependencia de mí. Tu fe está creciendo. No menosprecies los dolores del crecimiento. Fortalécete con la fuerza que yo te doy."

• "Tus dudas no me intimidan. Sigue orando, aun en la duda. Tus sentimientos no influencian mi respuesta; tu fe sí."

• "Nunca experimentarás la vida como si el trauma asociado a la vida de Nathan no existiera. Reconoce y abraza esa cicatriz. Date permiso de sufrir cuando sea necesario. Pero no menosprecies tu debilidad o esperanza porque desaparezca la cicatriz. Cuando otros ven mis cicatrices, aumenta su fe."

• "Acepta tus cicatrices y confía en que son grabaciones en tu alma con un propósito. Vigila y observa el valor redentor que yo les daré."

En los talones del trauma o durante una difícil transición, la ansiedad es a menudo exagerada. Nuestras defensas psicológicas se debilitan por tensión severa o crónica, haciendo que sea más difícil alejarlo de las preocupaciones. La naturaleza incierta de la vida parece mayor y nos impide disfrutar los aspectos positivos de nuestro viaje. Cuando estamos agobiados, el temor grita: "Ayer fue malo, hoy es horrible y mañana será aun peor." Puede resultar difícil creer lo mejor. Ah, pero estos son también los momentos en que nuestra fe puede avanzar con pasos agigantados.

Muchos de los dilemas de la vida no tienen respuestas fáciles o metódicas. Pero Dios tendrá respuestas personales para nosotros si nos arriesgamos a hacerle preguntas fuertes y luego tomanos el tiempo para escuchar. ¿Por qué no acalla su corazón, abre la Biblia, y escucha lo que el Espíritu Santo le dice en medio de las circunstancias? Rinda los temores acerca de sus hijos al Señor.

La vida es dura, pero Dios es bueno. A pesar de la apariencia de las cosas o del enredo de nuestras emociones, Dios está obrando en nuestras vidas y en las de nuestros hijos cuando nos rendimos a él.

Tuve la visión de este principio el otro día, cuando Ben examinó con orgullo su nueva sonrisa en el espejo y exclamó: "Todo lo que deseo para Navidad son mis dos dientes delanteros."

Posdata: Ya ha pasado más de un año desde el accidente de Ben y los nervios de sus dientes continúan con vida.

Estímulo adicional: Un sabor de esperanza

"Y sin fe es imposible agradar *a Dios;* porque es necesario que el que se acerca a Dios crea que Él existe, y que es remunerador de los que le buscan."

Hebreos 11:6

"Si todas las cosas son posibles con Dios, entonces todas las cosas son posibles para aquel que cree en Él".

Corrie Ten Boom, 1892-1982[1]

"Para creer con certeza, debemos empezar con dudas."

Stanislaw J. Lec, 1909-1966[2]

"[Jesús] dijo: En verdad os digo que si no os convertís y os hacéis como niños, no entraréis en el reino de los cielos. Así pues, cualquiera que se humille como este niño, ése es el mayor en el reino de los cielos".

Mateo 18:3-4

CAPÍTULO 11

Las oraciones de alguien de diez años valen mucho

"Y *a aquel que es poderoso para hacer todo mucho más abundantemente de lo que pedimos o entendemos, según el poder que obra en nosotros."*

Efesios 3:20

La edad de los diez años es espléndida. En ella se alcanza un nivel donde los recursos se asimilan, balancean y consolidan. Los pequeños no han llegado todavía a la montaña rusa de cambios de temperamento y de trastornos emocionales que trae la pubertad. Los terapeutas a menudo se refieren a los diez años como la edad dorada de transición porque los aspectos maravillosos de la niñez parecen encumbrarse en este momento. Es un período en que los niños son bastante calmados y empiezan a pensar más allá de sí mismos. Hacen preguntas inteligentes y están genuinamente interesados en saber cómo funcionan las cosas. Esta curiosidad a menudo traspasa también a las áreas espirituales. Hay un brote investigador por saber quién es Dios, de dónde vino y su trascendencia en este mundo.

Una tarde, mi amiga Lisa y yo bebíamos café lateé cuando me contó del cambio de vida que experimentó a sus diez años. Ella era una niña sensible y reflexiva que pasaba muchas noches de verano acostada sobre el césped, viendo las estrellas y meditando en la realidad de Dios. Eran pensamientos profundos para una niña pequeña: ¿Es Dios real? ¿Existe como dicen mis papás? ¿Será cierto que Él conoce cada pensamiento que cruza por mi mente? ¿Escuchará de verdad mi oraciones? Lisa quería creer lo que sus padres le habían contado de Dios, pero también deseaba pruebas concretas.

Cada tarde, Lisa caminaba al correo cercano con el perro de la familia para depositar cartas de sus padres. Un día, decidió probar la realidad de Dios. Brincando por la acera con el animal, Lisa oró: *"Dios, si de verdad existes, por favor pruébamelo. Por favor pon un billete de un dólar en la acera frente a mí."* ¡Se imaginó la cantidad de chicle que podía comprar con un dólar!

Por todo el camino al correo, Lisa buscó con cuidado el divino dólar. Tenía la certeza de que Dios lo colocaría en un lugar estratégico para que ella lo descubriera. Cuando llegó al buzón, todo lo que vieron sus ojos eran grietas, rocas y un poco de cemento áspero.

Se sintió desanimada y emprendió el regreso a casa, aquel lugar donde sus padres hablaban con confianza de Dios, donde los cantos de adoración se escuchaban cada día, donde ella miraba a su madre de rodillas orar por su hijos, donde Dios parecía muy cerca de otros, pero muy lejos de ella.

Los ojos de Lisa exploraron cada centímetro cuadrado del concreto entre el correo y su casa. Sus bolsillos aún estaban vacíos. "No chicles para esta niña" —se quejó. Al divisar la modesta casa, su perro corrió y se adelantó. Lisa llegó a la esquina, acercándose a los cuadros finales de la acera del frente de su casa.

Una última vez miró hacia abajo. Y allí, entre unos ladrillos y piedras, encontró no un billete de dólar, ¡sino un limpio y crujiente billete de veinte dólares! No podía creer lo que veía. Tomando el dinero, brincaba y gritaba para que todo el vecindario la escuchara: "¡Sí hay Dios! ¡Dios existe! ¡Sí hay Dios!"

¡Estoy segura de que infló muchas bombas de chicle con eso!

Justo al otro lado del río donde Lisa vivía, en Portland, Oregon, otra niña de diez años tuvo una experiencia similar. Mi amiga Mary Kae pertenecía al grupo de jovencitas exploradoras en Skamania, Washington, y su tropa hacía un recorrido difícil cada semana a la piscina pública de Stevenson para una noche de natación. Mary Kae era la clase de niña que no salía del agua una vez en ella. No le importaba parecer una ciruela pasa al final de la noche. A ella le fascinaba aletear en el agua.

Un lunes por la mañana, Mary Kae le recordó a su mamá la noche de natación y le pidió diez centavos para pagar la entrada a la piscina. La familia estaba escasa de dinero en esos años, y no había una moneda de diez centavos para algo que no fuera necesidad básica. Conociendo lo mucho que significaba esa actividad para su hija, la madre le dijo: "Oremos por esto y pidámosle a Dios que nos provea el dinero. Si él quiere que vayas esta noche, nos dará una solución."

La familia oró después del desayuno y Mary Kae se fue a la escuela. Durante sus clases, no pensó mucho en el evento de la noche. Pero de regreso a casa anhelaba con todo su corazón que al llegar, su mamá tuviera los diez centavos. Cuando iba a la mitad del camino, sus sueños diurnos fueron interrumpidos de repente. En la acera, a unos pies delante de ella había algo brillante que reflejaba la luz del sol como un espejo. Unos pasos más y Mary Kae descubrió una moneda de diez centavos, una respuesta a su oración y una lección que guardó en su corazón por el resto de sus días.

Me sentí como si acabara de beber un café mocha doble después de escuchar las historias de mis amigas. Con mi fe activada pensé: "Quiero que mis hijos escuchen estas historias. Mejor aun, quiero que tengan sus propias historias."

Empecé a pedir a mis hijos con más frecuencia que identificaran sus necesidades concretas para que pudiéramos orar por ellas y dar a nuestra familia más oportunidades para testificar de la fidelidad de Dios. Las listas crecían con el tiempo; incluían cosas simples como encontrar tareas extraviadas, el abrigo perdido de Nathan o los zapatos de Ben. Oramos por el regreso del equipaje perdido luego de un viaje, sanidad para amigos enfermos y restauración de relaciones rotas. Muchas de las peticiones fueron escritas en mi diario de oración. Nuestra fe se reforzaba al eliminar de la lista, las peticiones que eran respondidas. Por algunas seguimos esperando respuesta... y esto nos enseña a ser pacientes.

Los niños aman escuchar las historias contadas por sus padres. ¿Por qué no crear algunas historias nuevas en la misma familia? Indague acerca de lo que preocupa a sus hijos y ayúdeles a llevar sus peticiones al Señor. Comparta algunas de la formas en que Dios ha suplido sus necesidades para incrementar la fe de ellos. Como Lisa y Mary Kae, sus hijos apreciarán estas historias en el transcurso de sus vidas. Nada es tan insignificante o pequeño para no llevarlo a Dios en oración.

Estímulo adicional: Un sorbo de humor

Mi amiga Lynn me contó que recientemente, cuando su esposo Bob regresó a casa del trabajo, abrió la puerta principal y entró en una casa de locos. Su hijo de tres años corría desnudo con la cara, las manos y el estómago con manchas de chocolate. La cocina era un desastre con platos y ollas por todos lados. El frasco de mantequilla de maní estaba abierto y el mostrador manchado por todos lados de la sustancia pegajosa. Un olor ácido venía del cartón de leche sobre la mesa y papitas crujían bajo el pie de Bob que se aventuraba más en la cocina.

La llave del baño estaba completamente abierta y montañas de pasta de dientes sobresalían del espejo. Ninguna cama estaba compuesta. Ningún juguete colocado en su lugar. Ningún sanitario estaba limpio. Ninguna pieza de ropa sucia estaba en su canasta. Ningún libro estaba en la repisa. Ninguna hojuela de cereal estaba en su caja, de hecho, una línea de ellas formaban una culebra de la cocina a la sala.

Temiendo que algo había sucedido a, Bob empezó a buscarla por la casa. Se sorprendió al encontrarla sentada en la terraza de madera, en una silla de playa, cubierta con Coppertone (bronceador) e impregnada de sol.

—¡Bienvenido a casa! —le dijo Lynn con una sonrisa cuando Bob abrió la puerta.

—¿Estás bien? —él preguntó.

—Sí, estoy bien —respondió calmada—. Solo estoy disfrutando algo de reposo y relajamiento.

Confuso, Bob dijo:

—¿Qué pasó aquí hoy?

Con un guiño de ojos, Lynn le respondió:

—Todos los días al regresar del trabajo, me preguntas qué hice en todo el día. Bien, hoy simplemente no lo hice.

CAPÍTULO 12

Aceptamos un nuevo destino

He *aprendido a contentarme cualquiera que sea mi situación. Sé vivir en pobreza y sé vivir en prosperidad; en todo y por todo he aprendido el secreto tanto de estar saciado como de tener hambre, de tener abundancia como de sufrir necesidad. Todo lo puedo en Cristo que me fortalece.*"

Filipenses 4:11-13 (LBLA)

Cuando nació Nathan con el síndrome de Down, nos invadieron cartas y tarjetas de nuestra familia y amigos. Querían ayudar y compartir nuestro sufrimiento. Una carta contenía un artículo de un periódico que me retó a abrir el corazón a la nueva dirección que mi vida había tomado. Comprendí que mucha de la angustia era causada por mi propia resistencia.

Batallar contra los sucesos o circunstancias en nuestra vida no cambia las cosas. Lo que es, es. Tratar de escapar de la situación o negar la realidad tampoco ayuda. Pero yo sé de algo que sí ayuda: Aceptación.

La aceptación no agrava las cosas, las hace más fáciles. Nos fortalece para ver con nuevos ojos. Emily Perl Kingsley lo expresó en muy bella forma en una pequeña historia que escribió hace años.

Se me pide a menudo que describa la experiencia de criar un niño con una incapacidad, que intente ayudar a personas que no han compartido la incomparable experiencia de entenderlo, de imaginar qué se sentiría. Es algo así como esto.

Cuando uno va a tener un bebé, es como planear unas fabulosas vacaciones a Italia. Se compra un manojo de libros que servirán de guía y se elaboran planes maravillosos. El Coliseo. El David de Miguel Ángel. Las góndolas de Venecia. Pudiera aprenderse incluso frases convenientes en italiano. Todo es muy emocionante.

Después de meses de ansiosa expectación, llega por fin el día. Empacas tu equipaje y emprendes el viaje. Algunas horas más tarde, el avión aterriza. La aeromoza viene y dice: "Bienvenido a Holanda."

"¿Holanda?" —dice usted—. "¿Qué significa, Holanda? ¡Yo iba a Italia!" Se supone que esté en Italia. Toda mi vida he soñado con ir a Italia."

Pero ha habido un cambio en el plan de vuelo. El avión aterrizó en Holanda y allí es donde usted debe quedarse.

La importancia del asunto es que ese cambio no la condujo a un lugar horrible, asqueroso, sucio, lleno de pestilencia, escasez o enfermedad. Es solo un lugar diferente.

Usted debe ir y comprar nuevas guías. Debe aprender por completo un nuevo idioma. Y conocerá a mucha gente que nunca antes habría conocido.

Es solo un lugar diferente. Tiene un ritmo más moderado y es menos deslumbrante que Italia. No obstante, luego de estar allí por algún tiempo y lograr recuperar el aliento, mira alrededor y empieza a notar que Holanda tiene molinos de viento, tulipanes e incluso obras de Rembrandt.

Sin embargo, todos sus conocidos están ocupados en su ir y venir de Italia y presumen de lo lindo que la pasaron allí. Por el resto de su vida, usted dirá: "Sí, allí es donde se suponía que yo fuera. Es lo que había planeado."

El dolor y anhelo por un giro inesperado se convierten en eventos que nunca desaparecerán, porque la pérdida de ese sueño es significativa.

Pero si usted se pasa la vida lamentándose por el hecho de que no pudo ir a Italia, puede que nunca sea libre para disfrutar lo muy especial y precioso... de Holanda.[1]

He tenido ocasiones en que pienso sobre ese "involuntario viaje a Holanda" cuando estuve sentada en un pupitre de salón de preescolares con las rodillas en el cuello. (¡Los pupitres para preescolares no son hechos para mujeres de cinco pies y siete pulgadas de alto!) Pero la incomodidad no importaba. Esta era una ocasión especial. Nathan me había invitado a un té por el Día de las Madres.

Habían pasado años desde que asistí a mi primera celebración como mamá. Recuerdo ver a mi pequeña Jessie. Estaba encantadora en su vestido rosado de puntitos y su rubia cabellera, cantando en la presentación del Día de las Madres. Con la mayor confianza, se paró en frente de la línea y cantó las canciones a todo pulmón. Viéndola actuar pensé: *Es tan activa y llena de vida. Nada de esto la intimida.*

Luego hubo una vez en que Ben actuó como José en el programa del jardín de infantes para Navidad. Se le asignó la tarea de halar en varias ocasiones alrededor del escenario a María en un burro de cartón, el cual la pequeña niña cargaba alrededor de la cintura. Esto significaba el largo viaje a Belén.

El maestro les había dicho que dejaran el burro en el lado izquierdo, antes de caminar hacia el pesebre en el lado derecho del escenario. Cuando Ben-José haló la cuerda para amarrar el burro como se le había indicado, tropezó. María, con astucia, se inclinó sobre el lomo de su burro, negándose a moverse. Pero José era hombre de misión y no se daría por vencido. Entonces haló y le dio un violento tirón a la cuerda... María que estaba a tres pies de él se asustó. Furiosa, tiró el burro, se puso las manos en las caderas, miró a José de un modo inigualable y abandonó el escenario.

Era una angelical escena de Navidad. José, asombrado por el comportamiento tan inesperado de María, caminó hacia el pesebre e hizo un tremendo puchero. Y así terminó la historia de la primera pelea entre María y José.

Hubo muchas veces en las que vi actuar a Jessie y a Ben. Me reí y lloré, pues soy muy sentimental. Verlos actuar me hacía una madre orgullosa. Después de las presentaciones formales, usualmente me servían café, galletas y me llevaban por el salón de clases para ver las cosas que habían hecho para la ocasión. Ellos estaban orgullosos de que yo asistiera y de que fuera su mamá.

Con Nathan, sabía que sería diferente.

Esta vez iba a ser Holanda, no Italia.

Nathan era el único niño con impedimento de la clase. Sabía que no iba a poder articular las letras de las canciones y que fallaría con mucha probabilidad en algunos movimientos de manos. Sabía que las otra veinte mamás en la clase estarían molestas por su rutina conocida y que esto estremecería su confianza. No estaba segura de cómo transcurriría la mañana... pero tomé una decisión importante antes de llegar a la puerta de la clase: decidí abrir mi corazón a lo que encontrara y aceptarlo con gratitud.

La aceptación es poderosa. Trae gran paz a un corazón con conflicto. Viene cuando decidimos tomar un profundo aliento y decir: "Estoy exactamente en el lugar debido en este momento." Esto significa que dejamos de gastar tiempo precioso y energía emocional deseando que las cosas sean diferentes, o anhelar ser alguien más, o querer otro grupo de circunstancias. Es una fuerza de cambio que vuelve las cosas malas en buenas. Es la puerta del gozo y del contentamiento. Es creer que "En tu mano están mis años." (Salmo 31:15).

No importa la circunstancia. Puede ser soltería, viudez, un matrimonio conflictivo, infertilidad, incapacidad o enfermedad prolongada. O cualquier situación en la vida en la que nos encontremos impotentes, sin ayuda e incapaces de hacer un cambio. Con Pablo, aprendemos a decir: "...En todo y por todo he aprendido el secreto de estar saciado ..." (Filipenses 4:12).

Y no solo contenta, sino agradecida en verdad.

Cuando los niños presentaron sus cantos en el momento del té. Nathan se paró a mi lado e hizo su mayor esfuerzo para decir una pocas sílabas. Sus movimientos de manos no estaban bien definidos, pero sí consistentes. Su pequeña mano gordita me agarró la blusa y sonrió la mayoría del tiempo. ¡Él estaba disfrutando esto! Durante una de las canciones, vi a otra mamá que miraba a Nathan. Tenía lágrimas de tristeza en sus ojos. No estoy segura acerca de lo que pensaba, pero un espontáneo discernimiento emergió mientras yo era testigo de este evento.

Sí, yo estaba en un «diferente lugar»; no en uno de mi elección. Eso era claro. Pero comprendí que Dios estaba en este lugar diferente y que él me había llevado allí.

Después de la presentación, tomé a Nathan de la mano y lo llevé por toda el aula para ver su trabajo de arte en la pared. Señalé sus dibujos y dije: "¡Muy bonito, Nathan!" Luego él procedió a traerme una galleta tras otra de una bandeja de plata. Entre ambos, debimos habernos comido una docena. El límite eran dos. Ah, bueno...

Sentí una sensación de profunda gratitud cuando salí de la escuela ese día; gratitud a Dios por ayudarme a través de años de sufrimiento hacia la aceptación.

Eso no significa que no me siento triste algunas veces. Sí sucede.

Eso no significa que nunca pienso "y si hubiera..." Sí lo pienso.

Eso no significa que no sueño con "Italia". Sí sueño.

Pero esos deseos, anhelos, pensamientos y sentimientos se presentan ahora con menos frecuencia.

Estoy agradecida porque Dios ha enseñado a nuestra familia a percibir las diferencias de Nathan como exclusividades para ser apreciadas y entendidas. Estoy agradecida pues el gozo por lo que Nathan puede lograr sobrepasa la tristeza por lo que no puede hacer. Pero más todavía, estoy agradecida porque Dios me ha dado "al muchacho incapacitado de la clase" (como algunos se refieren a él) y que él está orgulloso de que yo sea su madre.

Hay mucho amor en Holanda.[2]

Estímulo adicional: Un sabor de esperanza

"Yo sé, oh Señor, que no depende del hombre su camino."

Jeremías 10:23 (LBLA)

"Dios es un Espíritu siempre presente que guía todo lo que aconte-ce a un sabio y santo final."

David Hume[1]

"Dios nos guía paso a paso, de suceso a suceso. Solo después, al mirar el camino transitado reconsideramos ciertos momentos im-portantes en nuestras vidas a la luz que en ellos ha habido, o cuan-do examinamos todo el progreso de nuestra existencia, experimen-tamos el haber sido conducidos sin saberlo, el sentimiento de que Dios misteriosamente nos ha guiado."

Paul Tournier[2]

"En la vida de todos hay ciertas conexiones, tergiversaciones y gi-ros que por un momento se ubican en la categoría de oportunida-des, pero al final, examinándolos bien, prueban ser la misma mano de Dios."

Sir Thomas Brown[3]

"Por el Señor son ordenados los pasos del hombre."

Proverbios 20:24 (LBLA)

CAPÍTULO 13

Doble bendición

"$\mathscr{P}$*orque el Señor es bueno; para siempre es su misericordia, y su fidelidad por todas las generaciones."*

Salmo 100:5 (LBLA)

Por muchos años, John y yo hemos tenido el privilegio de servir a las personas de la iglesia de East Hill bajo el liderazgo del pastor el doctor Ted Roberts y su esposa Diane. Ellos nos han alentado en muchas formas, pero hay algo en este dúo dinámico que me impresiona. Sus dos hijos, Nikki y Brian, son sobresalientes, jóvenes bien preparados que están felizmente casados y son colaboradores dotados en sus respectivos campos. A través de los años, nos hemos reído de historias chistosas acerca de ellos, contadas por Ted desde la plataforma (solo con el consentimiento de Diane y los hijos, por supuesto). Hace poco, Diane me contó una serie de sucesos de la vida de Nikki que me han dejado sonriendo por la increíble fidelidad de Dios.

Enviar a Nikki a la universidad no fue una tarea fácil para Diane. Es duro para los padres dejar ir a alguien querido. Pero en una forma única, Dios mostró a Ted y a Diane que él estaba guiando y dirigiendo a su hija mientras ella estuviera fuera del cuidado de sus padres.

Nikki siempre fue una niña responsable y trabajó duro para ayudar a pagar su colegiatura. En la primavera previa a su segundo año, escribió una carta a sus padres pidiéndoles consejo. El verano anterior, Nikki trabajó como bombero y había ganado seis mil dólares en tres meses y medio. Ella estaba planeando tomar el mismo trabajo el siguiente verano. Pero hubo un contratiempo. Un amigo le había pedido su ayuda para dirigir un campamento de estudiantes durante junio y julio. El salario de esos dos meses solo cubriría sus gastos en el campamento. Ella estaba preocupada de que el servicio forestal no la contratara de no empezar a principios de junio cuando la escuela terminara.

Ted y Diane animaron a Nikki a pedir a Dios que le mostrara lo que él quería que hiciera, y que indagara con el servicio forestal si la dejaban empezar a mediados de julio. Por la reputación que había ganado como buena empleada, aceptaron que empezara a trabajar a mediados del verano. La mitad del problema se había solucionado. Pero Nikki todavía necesitaba saber cómo lograría reunir suficiente dinero para pagar sus gastos escolares.

Sus padres le aconsejaron una vez más buscar la sabiduría de Dios. Ellos sentían la certeza de que si Dios quería que ella trabajara en el campamento, él iba a proveer el dinero necesario para la escuela. Nikki sintió que Dios la estaba dirigiendo a trabajar con las muchachas más jóvenes ese verano, así que hizo planes para pasar siete semanas en el campamento. Fue un maravilloso tiempo de diversión y crecimiento espiritual para Nikki y las jóvenes que había asesorado.

El campamento terminó entre cariñosos abrazos y lágrimas. Ahora Nikki se dirigía a su siguiente trabajo con el servicio forestal. Cuando llegó, se enteró de que su grupo ya se había ido a una asignación. Un grupo nuevo se estaba formando por los muchos incendios en el noroeste. La tropa a la que Nikki se unió estaba en constante trabajo, eso significó que el dinero que ella ganó excedió lo planeado. Nikki ganó ocho mil dolares ese verano, mucho más de lo que había ganado el verano anterior y en un tiempo más corto.

Pero la historia aún no termina. Dos años después, los resultados de la obediencia de Nikki hacia la dirección de Dios continuaron cosechando galardones. Nikki estaba recién casada y era el único sostén de la familia mientras su esposo terminaba su último año de universidad. Vivían en una pequeña ciudad de la universidad, donde sobreabundaban buenos estudiantes y escaseaban los empleos. Nikki se enteró de la apertura de un trabajo que requería antecedentes educacionales como los que ella tenía y decidió solicitarlo, junto a otros buenos y ansiosos colegas. Muchos de los solicitantes estaban más calificados y la aventajaban en experiencia. Nikki tenía otro punto adverso. Se sentía obligada a informar al entrevistador que ella solo podía comprometerse por un año en el empleo porque ella y su esposo tenían planeado mudarse luego de la graduación de este.

Para su asombro, Nikki obtuvo el trabajo. Luego de establecerse en su nueva posición, ella tuvo el coraje de preguntar por qué el jefe la había escogido. Más que por cuestión del hecho, el explicó: "Noté en su solicitud que usted fue líder en un campamento cristiano. Nuestra iglesia sostiene ese campamento. Supe en ese momento que usted era la que yo necesitaba."

Nadie de nosotros sabe lo que está frente a nuestros hijos, pero así como Ted y Diane descubrieron, Dios tiene maravillosos regalos para nuestros hijos a lo largo del camino. Hay deliciosas sorpresas planeadas y sincronizadas a la perfección especialmente para ellos. Encontrar dirección en la vida no es una tarea individual. Nuestros hijos son guiados. Mientras buscan a Dios, su plan se revela a sus vidas. Nosotros podemos visualizar el futuro de ellos con confianza y certeza de que están a salvo bajo el ala protectora de Dios.

Estímulo adicional: **Un sorbo de humor**

En la clase de biología, el profesor proyectó una diapositiva de un hombre joven y guapo que descansaba sobre el alto césped de la ladera de una magnífica colina. Se dirigía a un cuarto lleno de estudiantes de medicina, señaló a la transparencia y dijo: "Si ustedes estudian duro aquí en la escuela de medicina, trabajan más aun durante la residencia y se hacen los mejores y más solicitados en un hospital, este podría ser su hijo."[1]

***

"Los niños nunca han sido muy buenos oidores de sus adultos, pero nunca fallan al imitarlos."

James Baldwin[2]

***

"Aquellos que ven la adolescencia como un tiempo de despreocupación, feliz, es porque tienen deficiencia de emociones o memorias inadecuadas."

Louis Bromfield[3]

CAPÍTULO 14

Es solo cuestión de tiempo

"*Así que ni el que planta ni el que riega es algo, sino Dios que da el crecimiento.*"

1 Corintios 3:7 (LBLA)

Durante nuestro segundo viaje familiar misionero a México nos presentaron a Alberto y a Claudia, una dinámica pareja que pastoreaba dos iglesias en Península Baja.

Los tatuajes de Alberto captaron mi atención. Cuando nos acercamos a la carpa en la que se celebraban los servicios, estaba sin camisa y pudimos ver el «arte de su cuerpo». Nunca antes había visto tantos diseños en un solo cuerpo; culebras, pentagramas, ojos diabólicos y otras imágenes siniestras estaban arriba y abajo de sus brazos, espalda y pecho. Cada pulgada cuadrada de su torso estaba cubierta. Imagino cuántas horas de agujas soportó para hacer su exposición.

Cuando nos acercamos más, enseguida Alberto se puso la camisa, extendió la mano y nos dio la bienvenida con el calor y la cortesía de un pariente lejano y perdido. Sin preámbulos, este grandote y rudo hombre nos abrazaba y decía: "¡Gracias, Dios! ¡Gracias, Dios!" Los osados símbolos satánicos que tenía en su piel palidecieron ante el irresistible amor que emanaba de este hombre.

Como terapeuta, siempre me interesa saber por qué y cómo cambia la gente. ¿Qué acelera el crecimiento? ¿Qué hace una diferencia positiva y acentúa la sanidad? Sabía que Alberto tenía mucho que enseñarme por el fuerte contraste que vi entre su apariencia de presagio y su radiante corazón.

Habían pasado años desde que Alberto compartía su pasado con alguien más. Prefería enfocarse hacia delante, quizá para evitar memorias dolorosas, o para preservar su dignidad y protegerse a sí mismo de los modernos fariseos que lo mirarían con desprecio. Cualquiera que fuera el caso, le agradezco que ofreciera su mesa a nuestra familia para comer tacos de pescado y contarnos una historia que ninguno de nosotros olvidará jamás. Con la ayuda de un traductor, la historia comenzó.

A la edad de cinco años, Alberto sabía que su padre no tenía interés en él. El hermano mayor era el favorito. Alberto tenía tres hermanas mayores que lo habían alimentado, pero él no pudo experimentar su amor. Ellas se asociaron para convertirlo en el blanco de sus burlas y el objeto de sus maltratos.

Sus padres trabajaban mucho y duro —doce horas al día, siete días a la semana— para llevar comida a la mesa. Después del trabajo, el cansancio les impedía compartir con sus hijos y con frecuencia decían a Alberto que se callara y se retirara. ¿Cómo se puede determinar la cantidad de dolor de tan perpetuo rechazo? Como era un buen niño, Alberto casi siempre desaparecía e iba a visitar a otros miembros de la familia que se ubicaban en los alrededores.

"Había una gran prisión a pocas calles de nuestra casa —dijo Alberto—. Dos de mis tíos estaban tras las rejas por asesinato. Cuando yo tenía seis años, empecé a visitarlos a diario. Ellos eran buenos conmigo y me daban dinero para que les comprara comida, cigarros y otras cosas. Cuando regresaba, se alegraban al verme. Decidí que la prisión eran un buen lugar porque allí era bien recibido y querían que regresara."

Durante la adolescencia, cuando los amigos de Alberto rogaban a sus padres que les quitaran el toque de queda, Alberto quebrantaba las reglas de la familia al escapar de la casa a la media noche. Los amigos mayores lo iniciaron en el mundo de las drogas. Fumaba marihuana, olía pegamento y tomaba anfetaminas, cualquier cosa que lo elevara. Robaba joyería del gavetero de su mamá para mantener su hábito.

Alberto no podía recordar las veces que fue a parar a la cárcel juvenil entre los trece y diecisiete años. Ese segmento de su vida fue confuso. Pero sí recuerda que luego de uno de muchos crímenes, el centro juvenil rechazó tomarlo y fue enviado a una cárcel de adultos. Aunque él era el presidiario más joven, los guardias lo trataron como a uno de los peores. A los veintiún años, fue sentenciado a veintisiete años en prisión por tráfico de drogas e instigación a disturbios en el presidio.

"Los guardias me odiaban —recordó—. Los prisioneros también. Y yo a ellos. Provoqué peleas y tiré cuchillos a los prisioneros para lograr que me dieran dinero y así poder negociar con drogas. Algunas veces funcionaba, pero no siempre. Eso era cuando estallaban los altercados entre las pandillas. Durante un incidente, corté a un prisionero en el ojo izquierdo e hice rebanadas de los dedos de su mano derecha. Una noche, él y sus amigos se vengaron de mí; me atacaron con cuchillos y garrotes mientras yo dormía."

La pandilla dio a Alberto por muerto. No obstante, ese no era el momento para que él conociera a su creador. Veintidós cuchilladas se encontraron en la bolsa de dormir de Alberto, pero solo dos en su carne, una bajo el brazo y otra en su espalda.

La intranquilidad reinaba en la prisión. El jefe de seguridad quería terminar con la tóxica influencia de Alberto sobre los otros prisioneros, así que lo transfirió a un hospital mental, donde se le diagnosticó esquizofrenia y se le trató con múltiples medicinas.

Por cinco años, un siquiatra experimentó en él una variedad de intervenciones médicas, sin éxito. Él no sabía que los rituales satánicos de Alberto activaban sus malos caminos. El doctor hizo su mejor esfuerzo para ayudarlo, pero una tarde mientras él y Alberto conversaban, Alberto se encolerizó, agarró al doctor por el cuello y lo lanzó contra la pared. Se necesitó de varios guardias para controlarlo. El hospital mental eludió la responsabilidad con él y Alberto fue transferido a Islas Marías, conocida también como la Isla de María, cercana a las costas de México.

Es una isla conocida por los hispanos como el infierno de la tierra, reservada estrictamente para los peores criminales. Alberto tenía una reputación manchada. Las autoridades no querían a ningún problemático en su campamento y para probar su principio, lo enviaron a dieciocho meses en aislamiento penal desde que puso el primer pie en la isla. En la oscuridad del hoyo de 100 pies cuadrados, la mente de Alberto empezó a hacerle trampas. Escuchaba y veía cosas que él sabía que no estaban allí. Los doctores le llaman a esto, alucinaciones audibles y visuales. Alberto pensaba que se estaba volviendo loco.

Al tiempo, un hombre de Los Ángeles, que tenía carga por los que están tras las rejas, vino a la prisión. Él había escuchado sobre "el hombre incomunicado" y pidió ver a Alberto. Bajo una estricta vigilancia, este hombre blanco entró a su celda y sus primeras palabras fueron: "Alberto, Dios te ama."

En la misma cara del hombre, Alberto comenzó a proferir maldiciones. Después que el visitante se marchó, algo en su interior se quebrantó. Era la primera vez en su vida que escuchaba acerca de que alguien le amara. Aquel día, una diminuta semilla de esperanza se deslizó hacia una grieta del corazón de Alberto.

Durante los siguientes seis meses en aislamiento, Alberto recordó las palabras del hombre una y otra vez: "Alberto, Dios te ama...

Dios te ama." Cuando la semilla echó raíz, las alucinaciones se fueron. Finalmente, a Alberto se le permitió unirse a los otros prisioneros.

La vida en la isla era una tortura. Alberto trabajaba duro quince horas al día, rompiendo piedra y arrastrando bolsas de sal. Muchos prisioneros murieron debidoa los 125 grados de temperatura. Cuando las rocas de sal le quemaban, esto producía en Alberto ampollas en las manos y los pies, la muerte habría sido un remedio bienvenido. Los únicos momentos de alivio venían al mediodía cuando él cuidaba el ganado en la isla. Cualquier cosa era mejor que esas horas agotadoras, martillando las grandes rocas bajo el sol abrasador.

Una tarde cuando Alberto caminaba de un edificio a otro, escuchó cantos. En esta ocasión no era ninguna alucinación audible. Era un estudio bíblico y un servicio de adoración. Estiró el cuello para ver entre la multitud y allí, frente a los prisioneros, estaba el hombre que lo había visitado en la celda de aislamiento. Él se detuvo y escuchó al hombre contar una historia sobre un hijo pródigo que se había alejado de su padre y vivía en una pocilga. Alberto pensó que el hombre se refería a él. Él no le hablaba a su padre hacía años y era responsable por los cerdos de la isla.

En un momento se detuvo la tierra; toda la vida de Alberto se reflejó ante él mismo. Todas las drogas. Peleas. Robos. Mentiras. Odio. Rencor. También el niño de cinco años que despierto en la noche, soñaba con ser biólogo.

Alberto nunca había derramado una lágrima, pero treinta años llenos de emociones estancadas explotaron por sus represas y lloró convulsivamente. Fue todo lo que pudo hacer para abrirse paso a través de la multitud y hablar con el hombre que estaba al frente. Él sabía que necesitaba con desesperación el amor de Dios que emanaba de este hombre.

El predicador se arrodilló con Alberto y le ayudó a decir una simple oración para confesar sus pecados y buscar el perdón de Dios. En un caluroso día de 125 grados, un joven furioso se arrodilló tras las rejas, en un lugar conocido como el infierno de la tierra. Dios depositó un sorbo del cielo en su corazón y libertó a un prisionero.

Por dieciocho años, Alberto había estado atado a drogas embriagadoras y a experiencias depresivas, a polvos y pastillas. Lo que usted pueda pensar, él lo hizo. Pero aquella tarde, todo cambió. El deseo por las drogas desapareció. Los antojos pararon. Las tentaciones murieron.

"¡Fue como si mi corazón ardiera en fuego!" —exclamó Alberto.

Ah, un fuego abrazador, pero muy diferente al anterior. Las llamas de odio se apagaron y ahora su corazón ardía con una pasión por contarle a otros prisioneros sobre el Dios que había encontrado. Durante los siguientes meses, Alberto habló del amor de Dios a cada presidiario que lo escuchaba. De repente, en forma inesperada, el director del penal lo llamó a su oficina.

—Yo no sé lo que está haciendo, Alberto, pero las cosas están mejorando en la prisión —le dijo—. ¿Qué puedo hacer para ayudarlo?

Alberto respondió entusiasmado:

—Quiero ayudar a que otros hombres encuentren a Dios.

—Bueno, ¿qué necesita?

Necesito sillas y un lugar para reunirnos.

Sus peticiones fueron concedidas y en 1990, Alberto comenzó un estudio bíblico que aún permanece fuerte en la prisión. Pero el director no era tan benevolente como usted podría pensar. Tomó ventaja del poder de Alberto para tranquilizar y falsificó sus reportes, envió malas informaciones a las autoridades gubernamentales de México D. F. Planeaba retener a Alberto en la isla todo el tiempo que pudiera ya que este le hacía el trabajo más fácil.

Sin embargo, Dios era mayor que el manipulador director y sus planes para Alberto prevalecieron. Solo era cuestión de tiempo.

Un equipo de siquiatras condujo las evaluaciones anuales de los prisioneros. Los doctores pasaron quince minutos con cada persona. Pero la sesión de Alberto duró cuatro horas. Cuando los terapeutas asignados escucharon la historia que transformó a un hombre, lloraron. La evaluación final contradijo el reporte del director.

Poco después, el gobierno transfirió al director del penal a otro trabajo. El hombre que lo reemplazó sabía del comportamiento modelo de Alberto, por los guardias del penal. Curioso por el individuo tan-bueno-como-para-ser-verdad, pidió una entrevista. Cuando Alberto entró, se sorprendió al reconocer al hombre que estaba sentado detrás del escritorio. Era el juez que lo había sentenciado la primera vez a la prisión juvenil.

El juez recordaba al rudo muchacho de doce años de tiempo atrás. Recordó el odio en los ojos del joven y se asombró al ver el cambio en Alberto. Su transformación produjo tal impacto en el nuevo director que compró con su dinero un boleto de avión para viajar a México D. F. y tramitar la liberación de Alberto. En 1993 salió de la prisión, trece años antes de lo estipulado.

No más martillazos en las piedras, ni arrastrar cadenas para este hombre. Ahora martilla las puertas del infierno y ayuda a romper las cadenas de las tinieblas de todo aquel que busque su ayuda. Dios ha reemplazado su frialdad y miradas duras por lágrimas de compasión. Él es un maleante convertido en héroe. Un amotinador convertido en justo. Un diagnosticado «esquizofrénico» transformado en un hombre estable, hábil en las sendas del Espíritu.

Pocos hombres trabajan tan duro y con tanta pasión para Dios como Alberto. Reímos cuando nos contó que una de sus iglesias tiene sus servicios en los bajos del departamento de policía. Los policías que trabajan arriba llevaron numerosas veces a Alberto a la cárcel cuando él era un adolescente rebelde. Cuando él ve a sus antiguos arrestadores en el estacionamiento, sonríe y les dice: "Les tengo reservada una silla en la iglesia." Los oficiales aún no lo han visitado, pero le refieren todos los «problemas» de arrestos.

Aquella noche, con los tacos de pescado, aprendimos cómo una pequeña semilla de esperanza sembrada en fe y regada por el Espíritu puede germinar y crecer a pesar de toda adversidad. Los milagros suceden hoy día. Aquellos que estaban en la oscuridad caminan en luz; los que estaban presos por cadenas de magia negra y brujería están siendo liberados. Matrimonios y familias se restauran. Esto es verdadero para Alberto y para muchas familias a quienes él sirve en México. Él da todo el crédito a Dios, no a los programas sociales o de rehabilitación. Los servicios profesionales enfocados a la comunidad no están al alcance de la mayoría de las familias en ese país. Pero lo que Alberto tiene para ofrecerle a su gente, el dinero no lo puede comprar. Usted no puede ponerle precio al poder sanador de Dios.

Alberto ha enmendado situaciones con muchos, en relación con su pasado. Hace varios años, localizó al hombre a quien dejó ciego de un ojo y lisiado en la isla. Con lágrimas de lamento, se disculpó y le pidió perdón. De alguna forma, ese hombre encontró los recursos para concederle el perdón.

Nuestro amigo ha ayudado a muchos a empezar su camino espiritual, pero uno de sus mayores gozos se produjo la noche en que su padre le dijo que quería conocer a su Dios. A pesar de la obra que Dios está haciendo en la vida de su padre, Alberto nunca le ha escuchado decir "te amo." Expresar afecto no es cosa fácil en su familia. Pero Dios continúa ayudando a Alberto a crecer más allá de sus debilidades. El Espíritu de Dios le está enseñando a romper patrones malsanos en la familia. Apenas el mes pasado Alberto hizo algo por primera vez. Abrazó a su propio hijo y por primera vez le dijo: "te amo, hijo."

Esta historia es un recuerdo poderoso de que en la economía de Dios no tenemos por qué ser productos de nuestro pasado. Tampoco nuestros hijos. Aunque nosotros, como padres, hayamos cometido errores en el camino, todavía podemos plantar semillas de verdad en los corazones de nuestros hijos. Podemos cuidar y proteger esas semillas con oración y confiar en que el Espíritu de Dios hará su parte. El crecimiento es inevitable. Puede que no venga tan pronto como quisiéramos, pero vendrá.

Madres y padres, sigan sembrando esas semillas. Pídanle a Dios que ponga personas en el camino de sus hijos que planten esas semillas junto a ustedes. Y mantengan la fe. Dios es el que hace crecer las cosas. Él es fiel.

Estímulo adicional: Un sabor de esperanza

"La Biblia enseña —y la experiencia cristiana lo confirma en abundancia— que las obras del Espíritu Santo son impredecibles y sin instrumentos limitados por la iglesia institucional. Aun el cristiano de mentalidad más estrecha debe admitir, en ocasiones, que el Espíritu Santo parece estar obrando en personas, y por medio de ellas, que no profesan a conciencia la fe en Cristo. Esto no debería sorprender a cualquiera que haya leído el Nuevo Testamento. Jesús estaba siempre asociado con los pecadores, para horror de los «piadosos» que pensaban que él debía estar exclusivamente preocupado por ellos."

Louis Cassels[1]

"Y sucederá en los últimos días —dice Dios— que derramaré de mi Espíritu sobre toda carne. Y vuestros hijos y vuestras hijas profetizarán, vuestros jóvenes verán visiones. Y vuestros ancianos soñaran sueños. Y aún sobre mis siervos y sobre mis siervas derramaré de mi Espíritu en esos días, y profetizarán."

Hechos 2:17-18 (LBLA)

"El Espíritu Santo no extermina la personalidad del hombre; la eleva hasta su más alto aprovechamiento."

Oswald Chambers [2]

CAPÍTULO 15

Historias de un programa de televisión

"*Yo sé que tú puedes hacer todas las cosas, y que ningún propósito tuyo puede ser estorbado.*"

Job 42:2 (LBLA)

Era mi primera invitación a un programa de televisión internacional para promover mi libro *Angel Behind the Rocking Chair*. Yo estaba muy emocionada. El programa era parte de una serie por el Día de las Madres. El canal cristiano me había invitado a hablar sobre los gozos y retos de criar tres hijos, uno con el síndrome de Down.

Abracé y besé a los niños cuando se fueron a la escuela, les pedí que oraran por mí y luego salí para el aeropuerto. El viaje parecía simple, de Portland a Cincinnati y de allí a Toronto. No había problema. Era un plan muy bonito. Me esperaban cuatro horas y media de cómoda lectura ininterrumpidas. Sería así, a menos que apretara el pequeño botón naranja para pedir otra taza de café a una amable aeromoza. El café de los aviones no es el mejor y las tazas desechables son tan pequeñas comparadas con mis lindos tazones, pero no me quejo cuando no soy la que lo prepara, otro lo sirve y todo lo que tengo que hacer es ingerirlo a sorbos tan despacio como desee.

Suceden cosas peculiares cuando uno viaja. Allí estaba yo, disfrutando la lectura de uno de mis libros favoritos, cuando algo al otro lado del pasillo captó mi atención. Una dama presionó el botón amarillo. Eso no era lo peculiar, pero lo que pasó después fue lo máximo... bueno, simplemente lo llamaré divertido. Se notaba que esta mujer era nueva volando, por el hecho de haberse levantado de su asiento y hablar a través del pequeño botón amarillo. Debió pensar que este era un micrófono bidireccional, como los que hay en los lugares de comida rápida. Con arremetedor entusiasmo dijo: —¡Por favor que alguien me traiga una Coca-Cola!

Luego se sentó. Enseguida escondí la cara en un pañuelo, tosí y me sacudí la nariz para que no se diera cuenta de que me reía de ella. Una aeromoza que estaba cerca no perdió la oportunidad de disfrutar el suceso. Agarró el micrófono y dijo en voz alta:

—Señora, ¿desearía unas papas fritas con su soda?

Sin vacilar, la mujer volvió a presionar el botón y le respondió con cortesía:

—No, gracias —Para ese momento ya todo el mundo se había dado cuenta y rieron hasta más no poder por los siguientes ochenta kilómetros.

En cuanto las llantas aterrizaron en Toronto, me puse en línea para reclamar mi equipaje. Quería llegar al hotel lo más pronto posible, meterme en la bañadera caliente para calmar mi nerviosismo por el programa en el que iba a participar. Después del baño, pasaría una hora en silencio para prepararme mentalmente para la siguiente mañana antes del encendido de las luces. Una noche de buen sueño era la más importante prioridad.

Bien, ese era un bonito plan. Todo se empezó a desboronar pronto. Pasar por aduanas no fue un procedimiento rápido ni placentero. En el formulario de declaración se preguntaba si viajaba por negocios o por razones personales, yo indiqué negocios. También si llevaba productos comerciales. Como buena y honrada ciudadana, puse "Sí". Eso alertó a los oficiales de aduanas, quienes me pidieron que me hiciera a un lado de la fila y a esperar... esperar... y esperar.

Llevaba cajas de libros para autografiarlos después del programa, ellos querían saber con exactitud cuántos eran, el costo y mucho más. Aparentemente no creyeron en mi honesto semblante y me hicieron que abriera las cajas para que ellos pudieran hacer un inventario preciso. Pasé una hora y media en aduanas con alguien que casi ni hablaba mi idioma, contando los libros, solo para decirme que debía mucho dinero por «impuestos de mercancía y servicios». Demasiada tensión para disipar en una tina caliente.

Al final de ese molesto desvío, no me sentía bien. Cuando vi al agente extranjero poco amigable frente a mí, pensé: Mejor haber mentido en el formulario. Mejor haber puesto «No productos comerciales». Ahora estuviera orando y meditando si no fuera por este sujeto molestándome. Yo sé, la lógica no estaba nada cerca de lo racional. Al final recapacité y pedí a Dios que me perdonara por mis malos pensamientos.

Llegué al hotel pasadas las once de la noche. El gerente estaba solo en el escritorio de la entrada. Para ser un hotel encantador, estaba muy corto de personal. ¿Pueden imaginar quién tuvo que cargar el equipaje y las cajas de libros hasta el cuarto, sin ayuda? Ah, esos son los gajes de un autor que tiene libros publicados.

Una ducha tibia calmó mi desesperación, con un suspiro de alivio subí a la cama y me cubrí con las colchas, agradecí a Dios por el seguro y agotador viaje, y con gratitud anticipé siete horas completas de sueño antes de la alborada.

Bueno, era un bonito plan. A las dos y treinta de la mañana, me despertó un agudo dolor bajo la ceja izquierda. Me toqué la cara y descubrí una araña canadiense que había decidido merendar mi carne americana a la madrugada. Golpeé a la ruda intrusa y me volteé para seguir durmiendo. No tuve suerte. Mi adrenalina estaba muy despierta y las luces del cerebro estaban encendidas. Durante las dos siguientes horas, miré cambiar las brillantes luces rojas del radio reloj digital. Por fin me quedé dormida poco después de las cuatro y treinta de la mañana hasta que desperté por una llamada que me sacudió de mi sueño profundo.

Caminé con torpeza hacia la ducha, abrí el grifo del agua, tomé una esponja, y miré hacia arriba. Encontré un antiestético reflejo en el espejo. ¡Los ojos hinchados y una gran bomba roja bajo el ojo izquierdo no era lo que yo hubiera querido encontrar! Esa araña tuvo un banquete a la media noche. La marca que ese hambriento insecto dejó no era nada agradable. Sentí lástima por el maquillista del estudio.

Para completar recordé —luego de mi vaporizante ducha— que había olvidado mi desodorante y los rulos eléctricos. "¡Solo eso faltaba! —exclamé—. Voy a salir en televisión nacional con mal olor, el pelo aplastado y una picada en el ojo." Mi seguridad se estaba derrumbando.

Hice mi mejor esfuerzo para amoldar mi pelo y me puse unas cuantas gotas más de perfume... por si acaso. Deseando que el maquillista del estudio me transformara, me dispuse a un suculento desayuno y preparé tiempo para la entrevista.

Jamie, mi mesera, era una dulce canadiense. Su amable sonrisa me produjo tranquilidad. Debí aparentar que necesitaba café porque ni siquiera se molestó en preguntarme. Simplemente lo sirvió.

—¿Crema? —me preguntó.

—Sí, por favor —le respondí.

Jamie colocó una pequeña bandeja con utensilios para la crema en la mesa y siguió con su trabajo. Cuando quitaba el papel de aluminio a la crema, mi uña artificial se rompió casi hasta la cutícula y calló justo en el delicioso café. Todo lo que pude hacer fue reír.

Bueno —pensé—, *ahora voy al estudio con mal olor, pelo aplastado, un golpe en el ojo y sin una uña.*

El estudio había dado instrucciones explícitas sobre el cuidado de las uñas para prevenir cualquier distracción durante la entrevista. Como yo no tenía ningún pegamento de uñas conmigo, pensé que tendría que sentarme sobre la mano derecha durante el programa para no mostrar la uña.

Comuniqué a Jamie mis pesares y ella procedió a darme paso a paso una lección de cómo abrir la cremera sin romperme las uñas. Tomó el cuchillo de la mesa, lo introdujo por el centro de la tapa de aluminio y lo abrió. Pensé. *¿Dónde estaba anoche esta hábil muchacha cuando la necesitaba en aduanas?*

En la estación, me presentaron un maravilloso equipo, que me acompañó al camerino. Allí, la amigable maquillista se puso a trabajar en su «proyecto del año». Fue maravilloso ver el producto final. No había ninguna marca. Había sacado la uña del café; ella tenía pegamento en su bolsa de sorpresas. El camerino estaba lleno de rulos eléctricos ya calientes y listos para ser usados. Mi transformación fue completa.

Me estaba sintiendo contenta por todo lo ocurrido hasta que por casualidad escuché a otro autor participante decir al anfitrión del programa de entrevistas: "Esto quiere decir que se ha vendido más de un millón de ejemplares de mis libros."

Me hundí en la silla. Pensé: Espero que no pregunten cuántos ejemplares de mis libros se han vendido. No sabría qué responderles. Pero una cosa sí sabía —no era un millón. Afortunadamente, no me lo preguntaron.

El momento del programa se acercaba; todos los invitados y el personal se reunieron en un camerino para orar. Pedimos a Dios que ayudara a los padres que estaban con problemas con sus hijos. Oramos por los consejeros telefónicos, pedimos a Dios que los usara en formas estratégicas cuando hablaran con los que buscaran ayuda. Y oramos para que Dios impartiera una nueva medida de fe, ánimo y fortaleza a todos aquellos que estuvieran atribulados.

Luego nos quedamos en silencio. Nadie dijo una palabra. Un suave silencio descendió en ese pequeño cuarto. La presencia de Dios era inconfundible. Sentí el compasivo dolor en su corazón por las personas adoloridas y deshechas, los perdidos, aquellos que necesitan respuesta, padres que necesitan paz. Mi corazón sintió su dolor. Lloré.

En ese momento, nada más me importó. No me importaba si tenía una buena apariencia, si olía bien. No me importaba si había estado incómoda o estorbada. No me importaba cuántos ejemplares se venderían durante el programa. Lo que importaba era el deseo de Dios de soltar su toque de sanidad a las almas afligidas. Todo lo demás era secundario.

Supe que alguien en la audiencia caminaba por el mismo valle de sombras que una vez transitamos al saber que Nathan tenía el síndrome de Down. Más que cualquier cosa, yo quería que Dios tomara mis palabras y las del anfitrión y diera un aliento fresco de esperanza a los corazones afligidos.

Yo quería que los padres supieran que ir más allá del dolor no es cuestión de esfuerzo sino de confianza —confianza en el único que puede tomar todas nuestras decepciones, inconvenientes expectativas y angustias, y entrelazarlas con sabiduría para cumplir sus propósitos en nuestras vidas. Nada puede frustrar sus planes. Nada.

Ese día, salí de la estación de televisión sintiendo que Dios estaba complacido, nuestra misión se había cumplido. En el viaje de regreso, el paso por aduanas fue un alivio. Después de todo, yo conocía el camino y ellos ya se habían quedado con mi dinero. Después de una pausa en una tienda libre de impuestos para comprar mi perfume favorito —que fue de mucha ayuda luego de haber estado sentada bajo las calientes luces del estudio— caminé hacia la puerta. Estaba ansiosa por llegar a Portland para pasar la noche con mi familia y arropar a mis hijos en la cama.

Bueno, era un plan bonito. Cuando llegué a la puerta, tuve que esperar... Esperar... y esperar. Lo que empezó como una media hora de retraso se convirtió en dos horas, y me impidió hacer la conexión en Cincinnati. La línea aérea me desvió a Atlanta —otras dos horas de retraso— así que tomé el avión para la costa este.

Pero no todo estaba perdido. A consecuencia de la inconveniencia, me colocaron en primera clase. Disfruté de un delicioso róbalo asado seguido por un delicioso helado cubierto de caramelo de chocolate. La aeromoza me aseguró que le habían quitado las calorías antes de despegar.

Después de la comida, tomé un libro, me recosté y me acomodé bajo dos colchas azules. Había también gratificaciones adicionales. Mientras alimentaba mi alma reflexionando sobre las bondades de Dios, la aeromoza mantenía una caliente jarra de café descafeinado durante todo el vuelo. No tuve que pedir que me lo trajeran presionando el pequeño botón amarillo. Y la crema venía en pequeñas cajitas blancas, sin la tapa de aluminio.

Estímulo adicional: Un sorbo de humor

Una niña de edad preescolar fue con su mamá a una ceremonia matrimonial. La pequeña estaba asombrada al ver a la novia caminar con su hermoso vestido. Cuando la novia llegó al frente de la iglesia, la niña le haló la falda a la madre y le preguntó:

—Mami, ¿por qué la novia está vestida de blanco?

La madre pensó por un momento y respondió:

—El blanco representa la felicidad. Este es el día más feliz de su vida.

Eso pareció satisfacer a la niña por un momento, pero unos minutos después se volvió a la madre y le susurró:

—Mami, ¿por qué el novio está vestido de negro?

~~~~~~~~

Una carta escrita por un padre a un maestro:

Mi hijo está bajo tratamiento médico y no puede tomar clase de educación física.

Por favor ejecútelo.

Sinceramente,
Señora Whiteall[1]

Una carta escrita por un padre a un departamento del condado:

Estoy muy molesta, porque usted nombró a mi hijo ilícito. Esa es una sucia mentira yo ya estaba casada una semana antes que él naciera.

Sinceramente,
Señora Maken[2]

CAPÍTULO 16

La batalla es del Señor

"Porqué nuestra lucha no es contra sangre y carne, sino contra principados, contra potestades, contra los poderes de este mundo de tinieblas, contra las huestes espirituales de maldad en las regiones celestes."

Efesios 6:12 (LBLA)

Un médico de la ciudad la remitió a mí.

"La mujer que le estoy enviando sufre de agorafobia" —me dijo usando el término médico para referirse al temor debilitador que mantiene a una persona encerrada en su casa. "Ella también padece de ataques de pánico y de espantosas alucinaciones. Yo la puedo ayudar con medicina, pero ella necesita terapia."

Conocí a Cari la semana siguiente durante la primera sesión, la asombrosa historia de su pasado se reveló.

Fue la quinta de una familia de seis hijas. Enseguida después de su nacimiento, sus padres la dedicaron a Satanás. Sé lo que usted está pensando. Esta clase de cosas no sucede en Estados Unidos. Quisiera que eso fuera cierto. Desafortunadamente sucede más de lo que cualquiera que ejerza una profesión mental o legal quiera admitir. Comparto esta historia no para ser sensacionalista o melodramática. Lo hago porque es un testimonio impactante de lo que el Espíritu de Dios puede hacer en una familia cuando se le invita.

Cari fue víctima de abuso de rituales satánicos. En su casa se llevaban a cabo ceremonias de ocultismo repletas de pornografía y actos sexuales depravados. Los niños fueron agredidos sexualmente y usados como conejillos de indias para experimentos con drogas. Dios fue blasfemado sin límites. En más de una ocasión, Cari presenció como sus hermanas eran amarradas a una cruz en burla a Cristo.

Cuando Cari tenía tres años, su padre murió de cáncer, dejando a la familia en la pobreza. La comida era escasa. Como ella era una de las más pequeñas del clan, le era difícil recibir una porción justa de comida. Las hermanas mayores eran más rápidas y agarraban lo que estaba servido. Muchas noches, Cari se fue a la cama con hambre.

La familia de Cari estaba convencida de que ella era estúpida y que nunca llegaría a nada en la vida. Ella era una niña tierna, a quien su madre y hermanas estaban determinadas a volver "dura". Se burlaban de ella sin misericordia. Mantenían las cortinas siempre cerradas para así ocultar sus secretos. Cerraban las puertas y le negaban que jugara con otros niños. Como se evitan las plagas así evitaban a los vecinos curiosos.

Cuando Cari tenía nueve años, su madre se volvió a casar. Se mudaron a una casa nueva y por primera vez en su vida, tuvo una bicicleta y buena comida. Pero la "luna de miel" terminó cuando su padrastro y medio hermano empezaron a asediarla. Decían que la locura de sus noches eran culpa de Cari y la amenazaron con torturarla si decía algo a alguien. Cuando su madre empezó a sospechar, esta lo negó todo por temor a perder su casa y ser echadas a la calle.

Durante la escuela superior, Cari escuchaba voces que intentaban persuadirla a que usara sus habilidades mentales para mover objetos. "Todo lo que tienes que hacer es aclarar tu mente y concentrarte" —le decían. La popularidad, el dinero y el poder eran las recompensas ofrecidas. Pero las voces la atemorizaban. Intuitivamente ella sabía que había maldad detrás de sus intenciones.

El único "amor" que conocía era el que encontraba bajo las sábanas con hombres que solo usaban su cuerpo para satisfacerse. Eso la dejó con un sentimiento de bajeza y suciedad, así que las drogas se convirtieron en sus amigas para calmarle el dolor. Esto fue, hasta el día en que tuvo un mal viaje con la cocaína. Horrorizada por los pensamientos de muerte, clamó a Dios: "Si me sacas con vida de esto, nunca volveré a usar drogas."

Despertó después de veinticuatro horas con una espesa neblina mental, sin poder recordar nada de lo sucedido, excepto la promesa a Dios. Esa fue la última vez que usó drogas. El precio fue alto, porque nadie confiaba en ella después de eso. Sus amigos adictos la llamaban la "narco" y los muchachos sanos la llamaban la "drogada". ¿Cómo puede medirse la desesperación de una chica que intenta sobrevivir sin un lugar al cual pertenecer y sin ayuda?

Cari se casó al poco tiempo de graduarse. Nueve meses después, le vino una tragedia. Su esposo quedó ciego. Muchas noches lloraba hasta quedarse dormida. Rogaba a Dios que diera sus ojos a su esposo. Una vez más las voces la atormentaban. Esta vez le decían que la ceguera de su esposo era culpa de ella. Cari creyó esas mentiras.

Cari y su esposo intentaron que su matrimonio funcionara durante siete años, al menos por el bien de los dos niños que habían traído a este mundo. Pero la tensión, la incapacidad de comunicación y los punzantes ganchos de pornografía rompieron sus votos matrimoniales. Cuando el divorcio se materializó, Cari agarró sus maletas y dejó la casa, abandonando a su esposo e hijos. Su hijo tenía ocho meses y su hija estaba en edad escolar. Ella pensó que sus hijos estarían mejor con su papá, ya que éste tenía casa propia, una pensión estable del seguro social y unos padres adinerados que lo ayudaban económicamente.

Por más de un año, Cari vivió en su carro, de fiesta cada noche, buscando alguna donación por dondequiera. La mayoría de los hombres con los que salía la llenaban de alcohol y cigarros. De vez en cuando le compraban un desayuno.

Saltándonos algunos años, Cari se volvió a casar con muchas esperanzas de nuevos comienzos. Pero su vida comenzó a deshilarse otra vez. Pensamientos intrusos la ahogaban en los momentos en que estaba despierta, pesadillas aterrorizadoras le interrumpían el sueño. Constantemente luchaba contra la agobiante atracción hacia los lugares oscuros donde se llevaban a cabo los rituales satánicos cuando era niña.

Al describir sus batallas internas, me dijo: "Es como si los demonios bailaran alrededor de mi cabeza, diciéndome que debo cuidar a los muertos."

Estas alucinaciones la invadían con tanta intensidad y frecuencia que llegó a pensar que se estaba volviendo loca. Había hecho una cita con su doctor, esperando que éste pudiera acallar las voces y terminar con las batallas mentales. Allí fue cuando le recetaron medicinas y la remitieron a mí.

Cari era una mujer guiada a la autodestrucción, al aislamiento, empujada a abandonar a sus preciosos hijos, a automutilarse, conducida a lugares oscuros y solitarios, entre tumbas. Estaba pálida, temblaba del miedo y zapateó el pie durante toda la sesión. Sus recuerdos evocaron profundas memorias en mí; me fue difícil no temblar.

Yo entendía que había sido un paso muy temeroso para ella buscar consejería en una persona extraña por completo. Dado a su falta de confianza en las personas, me sorprendió que tuviera la suficiente valentía para proseguir con la cita. Yo sabía que iba a necesitar tiempo para que desarrollara confianza en nuestra relación antes que estuviera apta para recibir. Mi meta inmediata era escuchar, aprender y suplir sus necesidades lo mejor que pudiera.

Terminamos la sesión después de cuarenta y cinco minutos y acordamos encontrarnos otra vez en un futuro cercano. Sufrí por esta atormentada mujer. Cuando salía del cuarto oré por una bendición de Dios sobre ella y le pedí ayuda para las próximas sesiones.

Mientras pensaba en todo lo que Cari me había contado, no pude dejar de recordar la historia del evangelio en la que Jesús se encuentra con el hombre endemoniado. Vi muchas similitudes entre estas dos historias. Esa noche, fui a casa y volví a leer el pasaje en Marcos:

"Y cuando Él salió de la barca, enseguida vino a su encuentro, de entre los sepulcros, un hombre con un espíritu inmundo que tenía su morada entre los sepulcros; y nadie podía ya atarlo ni aun con cadenas...

Cuando vio a Jesús de lejos, corrió y se postró delante de Él; y gritando a gran voz, dijo: ¿Qué tengo yo que ver contigo Jesús, Hijo del Dios Altísimo? Te imploro por Dios que no me atormentes. Porque Jesús le decía: Sal del hombre, espíritu inmundo. Y le preguntó: ¿Cómo te llamas? Y él le dijo: Me llamo Legión, porque somos muchos. Entonces le rogaba con insistencia que no los enviara fuera de la tierra.

Y había allí una gran piara de cerdos paciendo junto al monte. Y los demonios le rogaron, diciendo: Envíanos a los cerdos para que entremos en ellos. Y Él les dio permiso. Y saliendo los espíritus inmundos, entraron en los cerdos; y la piara, unos dos mil, se precipitó por un despeñadero al mar, y en el mar se ahogaron...

Al entrar Él en la barca, el que había estado endemoniado le rogaba que le dejara acompañarle. Pero Jesús no se
lo permitió, sino que le dijo: Vete a tu casa, a los tuyos, y
cuéntales cuán grandes cosas el Señor ha hecho por ti, y
cómo tuvo misericordia de ti. Y él se fue, y empezó a pro-
clamar en Decápolis cuán grandes cosas Jesús había hecho
por él; y todos se quedaban maravillados" (5:2-3, 6-13,
18-20 LBLA).

Nadie había podido ayudar a este hombre, por lo que sabemos.
la fuerza humana no pudo ni aun comprender la gran necesidad del
hombre y brindarle ayuda. Las llaves de este mundo no pudieron
abrir la puerta de la prisión en que se encontraba.

Sentí que esto también era una realidad para Cari. Sí, ella necesitaba consejería para ayudarla a aprender buenos hábitos en la
vida. Tampoco se necesitaba mucho discernimiento para ver que
también necesitaba ayuda espiritual, si queríamos avanzar en la terapia. Cuando le había preguntado por su orientación religiosa, me
dijo que no iba a la iglesia y que su esposo rechazaba cualquier tipo
de organización religiosa. *Esto va a ser un reto* —pensé, sabiendo
poco de lo que Dios había planeado para los siguientes días.

Cari se despertó el domingo por la mañana con deseos de "ir de
compras" a las ventas de garaje. Había estado tomando medicinas
que la aliviaban de la agorafobia y estaba por comenzar su propia
aventura. Manejó al otro lado de la ciudad y mientras buscaba los
rótulos que la llevaban a la siguiente venta, pasó por una iglesia en
la que se veía el ir y venir de una gran multitud. Curiosa, decidió
parar e investigar. Pensó que lo que su esposo no supiera, no le iba
a doler. Caminó hacia el santuario, en silencio se sentó en la línea
de atrás esperando no ser vista.

Se sintió inquieta durante el servicio pero decidió quedarse; quería escuchar más de este Dios que según el predicador, la amaba. Dos días después manejó otra vez al otro lado de la ciudad, entró a la oficina de la iglesia y pidió ayuda por causa de sus alucinaciones. La secretaria llamó a una de las consejeras, esta la escuchó y oró por ella. Recibió algún alivio, pero las alucinaciones continuaron.

Varios días después, regresó otra vez a la iglesia, afligida por la angustia mental. La consejera que la había visto estaba de vacaciones, entonces la refirieron al pastor de turno, que resultó ser John Vredevelt, mi esposo. Ella no sabía eso, simplemente conoció a un hombre llamado John.

John la saludó y notó que estaba muy intranquila y nerviosa.

—¿Puede decirme contra qué está luchando? —le preguntó John.

—Nunca tengo paz —le dijo suavemente, agarrándose las manos y mirando hacia el piso.

Mientras la escuchaba, John discernió la presencia de poderes malignos que la oprimían. El Espíritu de Dios le urgió a pedirle que leyera en voz alta algunos versículos de las Escrituras. Le dio una Biblia y le señaló algunos versículos en los que se menciona la paz de Dios. Luego de haber leído una oración, Cari cerró la Biblia de golpe y alejó su silla de él. Encorvó las manos como garras y parecía que sentía mucho dolor. Con la cabeza virada y los ojos bien cerrados, se echó hacia atrás en la silla y gritó:

—¡No puedo más, no puedo más!

John oró y le preguntó si quería ser liberada del tormento mental. Le describió los pasos para que pudiera recibir ayuda de Dios. Desesperada por encontrar alivio, pidió a John que orara por ella. Con su ayuda, Cari invitó al Espíritu del Dios viviente a establecer su presencia en ella y expulsar a los poderes malignos que habían estado en su vida.

Una hora y media después, finalizó el tiempo juntos. Cari no tembló más, estaba tranquila. El color regresó a su rostro. Se sentó calmada y en silencio, admirada por la serenidad que sentía. Luego rompió el silencio con una risa de alegría, rió y rió hasta que lloró. Por primera vez en su vida, la paz y el gozo reinó sobre el temor.

Entienda que cuando Cari llegó a la siguiente sesión conmigo, yo desconocía todo lo que había pasado. A primera vista, yo estaba desconcertada. Sin que ella dijera palabra, noté una diferencia en su semblante y expresión. Se veía maravillosamente liberada de la ansiedad. Los ojos nublados que antes había visto, eran claros y brillantes ahora. Se veía asentada y más confiada. Yo sabía que no era tan buena como terapeuta. Así que mi curiosidad despertó.

Cari habló sin parar durante toda la sesión, revisamos detalladamente lo sucedido desde nuestra primera cita y la diferencia que había ahora en su vida. Las voces se habían ido. Dormía bien durante la noche. Estaba experimentando paz interior como nunca antes. Cuando terminaron nuestros cuarenta y cinco minutos, todavía tenía mucho por contar.

Me tuve que reír del buen sentido del humor de Dios. Cuando Cari mencionó que la iglesia que había visitado era East Hill Church y que el pastor que ayudó se llamaba John, supe de inmediato a quién había conocido. Ella no sabía nada de esta conexión. Yo no le dije nada pero sonreí y agradecí a Dios por su maravillosa bondad. Él conocía del tormento espiritual de Cari y arregló su encuentro con personas que podían ayudarla. Ella pensó que coleccionaría tesoros de las ventas de garaje, pero Dios tenía otro tesoro en bodega para ella, uno mayor que los diamantes y el oro puro que este mundo ofrece. El Espíritu de Dios invadió la oscuridad de Cari y la tornó en luz, soltó sus cadenas y las envió volando a un hoyo. Dio a una valiente mujer la habilidad de pararse de frente y con la cabeza en alto.

Han pasado muchos años desde que conocí a Cari por primera vez. Con coraje, ha procesado las muchas batallas y abusos que sufrió. Uno por uno, ha tomado la difícil pero necesaria opción de perdonar a sus ofensores. Cari no cree que perdonar signifique que sus ofensores no sean responsables por sus acciones. Algún día ellos se enfrentarán a Dios por sus maldades. El perdón purgó el dolor de su corazón y la liberó de un enojo canceroso que se la hubiera comido viva. Después que cedió su amargura a Dios, sus terribles alucinaciones desaparecieron. Los recuerdos quedan, pero estos no la derrotan. El dolor conectado a las memorias se ha diluido. Ahora Cari dice: "Cuando el diablo me trae mi pasado, yo le llevo a su futuro."

La agorafobia y los ataques de pánico también se fueron. Cuando uno purga el dolor son pocos los recuerdos que nos pueden guiar al pánico. De hecho, durante los últimos años, ella ha viajado a compartir las buenas nuevas de Dios en África y en los países de la antigua Unión Soviética. Antes, su ansiedad le impedía salir. Ahora, ella puede soportar un viaje en avión de veintidós horas sin tomar medicinas.

Más aun, Cari y sus hijos se reconciliaron. Para mi asombro, ella y su padrastro se llevan bien. Es raro que yo testifique de alguna sanidad entre un ofensor y una víctima de incesto. Pero en este caso, así es como terminó. Solo Dios puede capacitar a ese nivel de perdón.

La transformación de Cari me habla en ampliamente y he aprendido algunas lecciones de su viaje. He aprendido que...

Algunas batallas son claramente espirituales, no físicas.

Dios sacará de las tinieblas a cualquier cautivo si él o ella extiende una mano en fe.

Cuando Dios intercepta a una madre que está en algún punto crucial, Él la envía a casa con la mente sana.

Si Dios lo hizo por Cari, lo hará por usted y por mí. Escuche las palabras de 2 Crónicas: "No temáis, ni os acobardéis.... porque la batalla no es vuestra, sino de Dios ...estad quietos, y ved la salvación del Señor con vosotros..." (20:15,17 LBLA). ¿Qué batalla dejará que Él luche por usted hoy?

Estímulo adicional: Un sabor de esperanza

"Antes que podamos estar llenos del Espíritu, el deseo por esto debe ser consumidor. Debe ser, en su momento, lo más grandioso en la vida, tan agudo e impactante como para dejar a un lado todo lo demás. El grado de plenitud en cualquier vida armoniza perfectamente con la intensidad del verdadero deseo. Tenemos más de Dios de lo que en verdad queremos."

A.W. Tozer[1]

"Los grandes hombres son los que ven que lo espiritual es más fuerte que cualquier fuerza material."

Ralph Waldo Emerson[2]

"Satanás debe ser la personalidad más frustrada del universo. Su ejército de demonios están obligados a obedecer a Jesús y cualquier cosa que el diablo haga para desanimar a un cristiano, Dios lo puede usar para el beneficio del mismo."

Billy Graham[3]

"Creo que Satanás existe por dos razones: la primera, la Biblia lo dice; y segundo porque yo tuve negocios con él."

L. Moody[4]

CAPÍTULO 17

Cuando somos débiles, Él es fuerte

"Te basta mi gracia, pues mi poder se perfecciona en la debilidad."

2 Corintios 12:9 (LBLA)

Desde que el pequeño bus amarillo llegó a nuestra casa, supe que la mañana sería muy sentimental. Era el primer día de Nathan en el jardín de infantes y su primer viaje con un desconocido. Yo estaba atareada adentro, conocía a su maestra, Stephanie Hadley, y confiaba en que Nathan estaría bien en su clase. También conocía su vulnerabilidad. Como es incapacitado, temí las crueldades de los otros y la forma en que Nathan asimilaría las duras palabras que comúnmente salen de las bocas de los escolares. Si Nathan sería maltratado en algún momento, cómo nos íbamos a enterar de la historia completa, dada su incapacidad para hablar.

Nathan desconocía mis ocultos temores. Con su mochila de Winnie-the-Pooh bien ajustada en la espalda, miraba por la ventana de la cocina, deseoso de que llegara el bus. Cuando llegó por fin, Nathan sonrió de una forma que hubiera deshecho al más duro de los corazones. La familia completa lo encaminó al bus. Se lo presenté al chofer y después de todas las formalidades me dio como media docena de abrazos y dijo: "Adiós, mamá". Luego vinieron los múltiples abrazos para John, Jessie, Ben y Kelli, una amiga que vive con nosotros. Cuando el bus arrancó, nos lanzamos besos hasta perdernos de vista. Entré a la casa, me escondí en el baño y lloré. Nathan había llegado muy lejos para haber podido tomar este paso.

Bueno, sé que soy sentimental. Pero estoy segura de que no soy la única madre que haya utilizado una caja de pañuelos desechables en privado.

Al mediodía era yo quien estaba parada frente a la ventana esperando el bus. Cuando lo vi llegar, me tomó tres segundos para llegar a su encuentro. Nathan me vio a través de la ventana y frenéticamente me saludó con ambas manos, gritando: "¡Mamá, mamá!" Apenas terminaba de bajar la última grada del bus, cuando empezó a escarbar en su mochila para mostrarme sus papeles de la escuela. Estaba deseoso de que yo viera todo lo que había hecho. Entramos y vimos el bulto de papeles con garabatos y líneas. Noté una expresión de orgullo en Nathan que no había visto por un tiempo. Me vino a la mente, la vez que tuvo la misma expresión una tarde durante una sesión de terapia.

Poco después de su nacimiento, inscribimos a Nathan en un programa de intervención temprana, en el que muchos terapeutas ejercitaban su mente y cuerpo para que mejorara su desarrollo. Como era un bebé, las intervenciones de Nathan eran individuales, pero al comenzar a caminar estuvo en una clase para niños con necesidades especiales. Durante la primera parte de la clase, los niños se reunían en un gran salón con un fisioterapeuta que los guiaba en grupo a ejercicios para fortalecer sus músculos flácidos y trabajar con sus habilidades motoras. La música alta llenaba el salón mientras los niños hacían sus mejores esfuerzos para lograr simples toques con los dedos de los pies, estirar los brazos, aplaudir, inclinarse y estirar el cuerpo.

Recordé haber observado rutinas similares cuando Jessie y Ben estaban en el jardín de infantes: "Cabeza, hombros, rodillas y pies, rodillas y pies." Los niños armonizaban con la música, mantenien-do sus movimientos en ritmo con ella. Sus movimientos armoniza-ban con la música. Sus acciones eran precisas, bien definidas y consistentes. Pero la clase de Nathan reflejaba un cuadro muy dife-rente. Los movimientos de los niños eran torpes y era muy extraño que estuvieran en sincronización con el líder. Si algún niño bailaba con ritmo, generalmente era por accidente más que a propósito.

No obstante, hubo un día en que Nathan apareció con una sensa-ción de orgullo al efectuar una perfecta presentación. Estuvo al paso con la terapeuta durante toda la canción. No falló ni un movi-miento. Todos sus gestos estaban correctos. No fue porque John y yo practicáramos con él miles de veces en casa, ni porque sus músculos se habían fortalecido milagrosamente.

Sin embargo, en aquel día particular, Nathan fue seleccionado para una demostración. La terapeuta le pidió que pasara al frente del salón y que se parara frente a la clase mientras ella se paraba detrás de él.

"Nathan, recuéstate hacia mí, y pon tus manos en las mías" —ella le indicó.

Vi a Nathan relajar su cuerpo en el de ella y colocar sus manos en las palmas de ella. Cuando empezó la música, la terapeuta guió los brazos de Nathan a través del ritmo. Uno, dos, tres, cuatro, arri-ba, abajo, al lado. Juntos, separados, aplaude, aplaude, aplaude...

Los pequeños brazos caídos de Nathan hicieron todo lo que te-nían que hacer mientras él permitió que ella lo dirigiera. Su trabajo era apoyarse y relajarse. El resto dependía de la terapeuta. Aquel día, la debilidad de Nathan fue su fortaleza mayor.

Me sentí avergonzada durante aquella clase. Allí estábamos en medio de un "arriba, abajo, aplaude, aplaude" y yo derramaba lá-grimas. Pensé en secreto si los otros padres estarían pensando:

¿Cuál es la gran cosa? ¡Seguro que se siente orgullosa de que su hijo fue el elegido para dirigir los ejercicios!

Pero nada de eso tenía que ver con lo que estaba pensando dentro de mí. El Señor me estaba hablando a través de mi hijo. Me mostró que necesitaba apoyarme y descansar en los seguros brazos de mi Padre. Me advirtió que dejara ir lo que me estaba preocupando.

Con una aguda advertencia de mis incapacidades, sentí que el Señor me aseguraba que su gracia era suficiente para mí. Si perdiera el equilibrio y tropezara con los obstáculos de este camino llamado crianza de los hijos, Dios estaría a mi lado y me sostendría. Cuando perdiera el paso, Dios me ayudaría a recuperar el ritmo. Mientras mayor es mi debilidad, mayor es su fortaleza.

Nathan ya está por terminar el año en el jardín de infantes. Las vacaciones de verano están a la vuelta de la esquina. Cuando el pequeño bus llegó a la casa esta mañana, le aseguré el cinturón del asiento, le di los usuales cinco besos y abrazos antes de decirle adiós. Han pasado nueve meses desde que enviamos a Nathan por primera vez a la escuela. No he utilizado una caja de pañuelos por algún tiempo, pero al ver por la ventana sus frágiles manos moviéndose sin control para despedirse todavía me ahogo. El dejar ir no sucede sin sangrar internamente, pero eso está bien... tengo a alguien detrás de mí cuya fortaleza me sostiene cuando soy débil. No tengo que ser fuerte para tener fortaleza.

Estímulo adicional: Un sorbo de humor

Un niño y su padre viajaron de su primitiva región de origen para visitar la ciudad de Nueva York. Un taxista les sugirió echar un vistazo a un centro comercial de los alrededores. Estaban maravillados por todo lo que veían, pero lo que más los cautivó fueron dos brillantes puertas de plata que se abrían y cerraban juntas otra vez.

Viendo con curiosidad las puertas, el niño preguntó:

—¿Qué es eso papá?

Como el padre nunca había visto un elevador, le respondió:

—Hijo, nunca he visto nada parecido en mi vida. No sé qué es.

Mientras el niño y el padre miraban fascinados con grandes ojos, una anciana de cabello blanco y un bastón se acercó a las puertas y apretó un botón. Las puertas se abrieron y la anciana entró en el pequeño cuarto. Las puertas se cerraron. El muchacho y su padre vieron en la pared pequeños círculos con números que se encendían en forma ascendente. Continuaron viendo los círculos con luces ahora en orden decreciente. Las puertas se volvieron a abrir y salió una hermosa mujer de veinticuatro años.

Con ojos maravillados, el padre se volvió a su hijo y le dijo:

—¡Rápido! ¡Trae a tu madre!

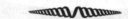

Capítulo 18

Finales sorprendentes

"*H*aré descender lluvias a su tiempo; serán lluvias de bendición.*"*

Ezequiel 34:26 (LBLA)

El toque de Dios en Marie no pudo pasar inadvertido. Estaba en sus ojos, su sonrisa, su bondad, su paciencia. Ella es una guerrera de oración con rodillas callosas y un corazón afinado. No puedo decir que camina en el agua, pero como madre, se acerca.

Hubo veces en que Marie no sabía si iba a sobrevivir la tarea de criar tres hijos sola. ¿Cómo pagaría las cuentas? ¿Cómo hacer para llevar a sus hijos a sus actividades? ¿Cómo podría trabajar y gobernar la casa sin un compañero? A través de los años, esas preguntas fueron respondidas por un Dios fiel que caminó cerca de Marie en cada paso de su jornada.

Marie quería lo mejor para sus hijos, como cualquier madre. Estaba determinada a ser una esposa dedicada y una madre atenta. Tenía toda intención de bendecir a sus hijos con un matrimonio fuerte, un hogar seguro y una familia cimentada sobre el amor, la aceptación y el perdón.

Desafortunadamente, la vida no fue tan sencilla y linda como esperaba. Dejaré que sea ella quien cuente su historia...

* * * *

La furia y el abuso verbal empezaron temprano en nuestro matrimonio. Cuando llegaron los niños, el abuso aumentó. Todos

---

caminábamos sobre cascarones, sin saber quién sería el próximo en molestar a Jay y padecer bajo su furia. De nada sirvió todo mi esfuerzo; no pude cambiar las cosas. Casi todo lo que hacíamos lo frustraba. Pequeños inconvenientes lo encolerizaban. Supongo que los romances con otras mujeres eran un escape a la desesperación de su interior. La infidelidad continuó por años y nuestra familia soportó las horribles cicatrices del engaño y la traición.

Pensé en dejar a Jay antes, pero lo evité porque por sobre todo yo no quería decepcionar a Dios. Me enseñaron que el divorcio era un vergonzoso e imperdonable pecado. Así que permanecí esperando y orando para que las cosas mejoraran. Enfrenté la situación, me aislé. Hice todo lo que pensaba que Dios demandaba de mí... pero nada funcionó.

Por años me esforcé duro por mejorar mi matrimonio. Pensé que tenía que seguir haciéndolo a todo costa; que era justo entregar hasta que doliera. Pensé que era una buena esposa cuando trataba de parar a Jay de hacer cosas dañinas. Quería apoyarlo siempre y ayudarle a regresar al estrecho camino. Pensaba que ese era el proceder cristiano.

Ahora no estoy tan segura. La verdad es que yo no podía controlar las cosas que él hacía, lo que pensaba o sentía, o cómo quería relacionarse conmigo y con nuestros niños Jan, Jacque y Jason. No podía controlar si iba a cambiar o a buscar ayuda por su adicción al sexo. Mientras más intentaba hacerlo reflexionar, más a la defensiva se ponía. No estoy segura de cuándo se me encendieron las luces, pero en algún momento se volvió claro como el cristal que necesitaba dejar de enfocarme en Jay. Necesitaba reenfocarme hacia el manejo de mi propia vida y suplir las necesidades de mis hijos.

Dejar a Jay era la única y viable opción que podía elegir para que el resto de nosotros sobreviviera. Mi salud estaba en riesgo y mis hijos sufrían terribles golpes a su autoestima por la furia incierta y los crueles arrebatos del padre. Los temores que tenía de ser parte de las estadísticas de divorcio palidecieron en comparación a mis temores de morir de una enfermedad potencial o de sucumbir bajo una tensión de abuso mental y emocional. Tomé la decisión más difícil de mi vida y empecé a buscar un lugar para vivir. Por muchas semanas, estuve buscando un apartamento de tres dormitorios. Pronto recibí una llamada telefónica.

"Marie, tengo buenas y malas noticias para usted."

La mujer en el otro lado de la línea era la gerente de un complejo de apartamentos en el que yo esperaba vivir. Me dijo que tenía un apartamento disponible, pero solo de dos dormitorios. Yo no estaba como para ser exigente, ¡pero cuatro personas en dos dormitorios resultaba apretado! Oré otra vez y esperé para ver la dirección de Dios.

Jan y Jacque disfrutaban jugar voleibol y querían asistir a una escuela con un programa fuerte de deportes. Le presenté esta petición al Señor, sabiendo que él haría lo que fuera mejor para los niños. Me reuní con el director de deportes del distrito escolar de Gresham para ver si las niñas podían jugar voleibol si nos reubicábamos. El señor Wolf me aseguró que ellas podrían jugar si de verdad eran buenas para acoplarse al equipo. Luego, esa tarde recibí una llamada de él.

"Hablé con el entrenador de la escuela superior de Gresham, y definitivamente él quiere que sus hijas jueguen voleibol" —me dijo emocionado. Aparentemente el entrenador sabía de las actividades deportivas de Jan.

Sonó como una dirección divina, pero aún no encontrábamos apartamento en el distrito. Le mencioné al cartero que estaba buscando un lugar para vivir y que si él sabía de algo en su ruta. Me llamó el mismo día y me dijo que un apartamento de tres dormitorios se había desocupado esa mañana. Era un bonito apartamento en el distrito escolar de Gresham, en un área que a Jan le gustaba mucho.

Todo lo pedido al Señor había sido concedido. Solo quedaba un leve problema, la alfombra del nuevo apartamento era una horrible suciedad grasienta. El anterior inquilino hacía sus trabajos de mecánica en el comedor y el piso estaba manchado por completo de aceite. Pregunté a la gerente si iban a cambiar la alfombra y ella respondió: "No, la vamos a limpiar muy bien."

Tragué en seco, convencida de que ningún disolvente comercial podía quitar esas manchas. Pero dije a Dios: "Si esto es lo que escogiste para nosotros, estaré agradecida."

No puedo decir que habría respondido tan bien en años anteriores. El tiempo y el sufrimiento habían cincelado mi determinación a demandar mis derechos. Aprender a confiar en Dios era el reto mayor que había enfrentado. Pero más y más, él mostraba su fidelidad. Su atento amor para mí y mis hijos era obvio en muchas tangibles formas.

Recordé un incidente de años anteriores cuando pedí a Dios que nos proveyera lecciones de piano para las niñas, a pesar de no tener dinero para gastos adicionales. Flo, una maravillosa mujer que vivía en nuestra calle, "resultó" ser maestra de piano. En nuestro ir y venir, Flo desarrolló una amistad con mis hijas. Una tarde escuché que alguien tocaba a mi puerta. Era ella que quería saber si la dejaba enseñar a mis hijas a tocar piano. ¡Gratis! Pensó que eso sería algo divertido para ella. Se convirtió en una querida amiga y maestra para todos nosotros. Nos enseñó muchas lecciones de la vida, hasta el día en que terminó su lucha contra el cáncer y se fue a casa para estar con el Señor.

Pronto recibí otra llamada del gerente de los apartamentos. "Marie, tengo buenas y malas noticias para usted."

Respiré profundamente y pensé: *Bien, Señor, confío en ti.*

El hombre continuó: "la mala noticia es que no se puede mudar al apartamento el viernes. Tenemos que cambiar la alfombra. La buena es que se puede mudar el sábado."

Colgué el teléfono y con un gran suspiro de alivio murmuré: "Oh Dios, tú eres fiel."

* * * *

Han pasado diez años desde que Marie y sus hijos se mudaron a ese apartamento. Como la mayoría de las familias, han tenido tiempos buenos y malos. Pero a través de todo, Dios ha sido fiel. Les ha enseñado a avanzar a través de sus temores y a ver la vida como una aventura.

Las niñas participaron en el equipo de voleibol de la escuela. El equipo de Jan ganó el campeonato estatal en dos años consecutivos. El equipo de Jacque lo ganó a los dos años siguientes. Marie pasaba muchas largas noches y fines de semana viendo las prácticas de entrenamiento y los torneos desde las gradas del gimnasio. Poco hizo que ellos vieran las maravillosas sorpresas que Dios tenía reservadas para ellos.

Jan recibió una beca completa para la universidad de Oregon, donde conoció al hombre de sus sueños. Se casaron y ahora ministran a los deportistas en Colorado. Los domingos, podrá ver a Jan dirigiendo la música durante el servicio de la iglesia.

Jacque también recibió una beca completa en la universidad, donde ahora trabaja en su maestría. Su vida es rica y completa.

No había forma posible de que Marie proveyera estas oportunidades educacionales para sus hijas por ella misma.

La historia no estaría completa sin mencionar acerca del hijo. Él no fue tan afortunado como las niñas. Las oportunidades no se presentan por sí mismas y los problemas familiares dejaron una profunda herida que todavía no ha sanado. No obstante, Marie tiene una gran fe en que Dios está obrando a su manera en la vida de Jason. Recientemente me contó algo que recibió en sus momentos de oración y que trae esperanza.

"Estaba preocupada por Jason, y cuando oraba dije: 'Dios, me parece que estás aquí conmigo y Jason corre muy rápido en dirección opuesta.' Allí fue que el Espíritu me dijo: 'Está bien, Marie, la tierra es redonda.' Quedé sorprendida por la simplicidad de la palabra; reí a carcajadas declarando: ¡Sí, Dios! La tierra es redonda y Jason dará una vuelta completa y correrá hacia ti."

Marie no ha visto el cumplimiento de esa palabra todavía, pero cree con todo su corazón que Dios hará que eso pase. Para activar la fe, ha colocado algunos versículos en lugares especiales de su casa. Estos le recuerdan a diario las promesas de Dios para ella:

• ¿A dónde irá Jason de tu Espíritu? ¿A dónde podrá huir de tu presencia? Si sube al cielo allí estás tú, si prepara su lecho en el Seol, allí estás tú" (Forma en que Marie parafrasea el Salmo 139:7-8).

• "Con el que contienda contigo yo contenderé, y salvaré a tus hijos." (Isaías 49:25).

• "Todos tus hijos serán enseñados por el Señor, y grande será el bienestar de tus hijos" (Isaías 54:13).

• "En cuanto a mí —dice el Señor—, este es mi pacto con ellos: Mi espíritu que está sobre ti, y mis palabras que he puesto en tu boca, no se apartarán de tu boca, ni de la boca de tu descendencia, ni de la boca de la descendencia de tu descendencia —dice el Señor— desde ahora y para siempre". (Isaías 59:21).

Mientras otros no cumplieron sus promesas hacia Marie, Dios lo hizo. Ella había sido una madre soltera por seis años cuando el Señor trajo un maravilloso hombre a su vida. Dios tuvo que hacer maniobras complicadas para ponerlo en su camino. Cuando el matrimonio con Jay terminó, ella sabía que si volvía a tener una relación con otro hombre, Dios tendría que seleccionarlo y golpearla en la cabeza para que ella le prestara atención. Como Marie decía: "Mi radar para detectar hombres buenos se descompuso."

Bien, el de Dios no. Darren es un hombre quien con amor tomó a Marie y a sus hijos. Los aceptó incondicionalmente y los abrigó en formas nunca experimentadas con anterioridad y en verdad nunca soñadas.

He escuchado que la definición de un padre justo no es quien nunca vacila o falla, sino el que sigue apoyando. Si la vida le ha golpeado dejándole tendido, no se rinda. No tire la toalla. Levántese y siga en pie de lucha. Deje ir lo que no puede controlar. Permita que la historia de Marie le recuerde que sus sentimientos, necesidades, deseos y metas son muy importantes para Dios. Él se preocupa de lo que acontece a sus hijos. Cuando otros le fallan a usted o a sus hijos, ¡él no! Puede que usted no lo vea ahora, pero Dios está obrando. Confíe en él. Hay sorpresas esperando por usted y son tan buenas como nunca imaginó.

Cuando inesperadas nubes oscuras vengan y bloqueen el paso de la luz, recuerde que para el pronóstico eso significa lluvia, lluvias de bendición. Están programadas para llegar a tiempo, precisamente para cuando usted y sus hijos más las necesiten.

Estímulo adicional: Un sabor de esperanza

"Bienaventurados los pobres en espíritu, pues de ellos es el reino de los cielos."

Mateo 5:3 (LBLA)

~~~~~\(\mathbb{M}\)/~~~~~

"Cuando sea un asunto del Dios Todopoderoso, nunca diga: 'No puedo.'"

<div align="right">Oswald Chambers[1]</div>

~~~~~\(\mathbb{M}\)/~~~~~

"Cuando el tren entra a un túnel oscuro, usted no tira su boleto y brinca de éste. Usted se queda y confía en el maquinista."

Corrie Ten Boom[2]

~~~~~\(\mathbb{M}\)/~~~~~

"Bien has obrado con tu siervo, oh Señor, conforme a tu palabra."

<div align="right">Salmos 119:65 (LBLA)</div>

~~~~~\(\mathbb{M}\)/~~~~~

"A uno le es dada la fortaleza para soportar lo que le sucede, pero no las ciento una diferentes cosas que puedan pasar".

C.S. Lewis[3]

~~~~~\(\mathbb{M}\)/~~~~~

"Y que nuestro Señor Jesucristo mismo, y Dios nuestro Padre, que nos amó y nos dio consuelo eterno y buena esperanza por gracia, consuele vuestros corazones y os afirme en toda obra y palabra buena."

<div align="right">2 Tesalonicenses 2:16-17 (LBLA)</div>

CAPÍTULO 19

Reposemos en el alma

"*Y no entristezcáis al Espíritu Santo de Dios, por el cual fuisteis sellados para el día de la redención.*"

Efesios 4:30 (LBLA)

Por ocho años, tuve el privilegio de ser discípula de Jean Lush. Nos presentó un editor y nos divertimos mucho escribiendo dos libros juntas, *Mothers and Sons: Raising Boys to Be Men* and *Women and Stress: A Practical Approach to Managing Tension.* Yo me encariñé con esos dos proyectos porque cuando los escribimos, Jean me influyó tremendamente. Yo estaba en los treinta años. Ella en los setenta. Las dos éramos terapeutas con mucho en común, pero su sabiduría y experiencias vividas excedían a las mías. Jean era una mujer de profunda fe, llena de historias fascinantes y tenía un gran sentido de intuición sobre la especie humana. Siempre estaré agradecida por la amistad que compartimos.

Durante una de mis visitas a la casita de campo de Jean, tomamos té mientras ella me contaba una experiencia que había tenido con su hija Heather cuando tenía nueve años. En ese tiempo Jean y su esposo Lyall, vivían en un cuarto de muchachas del internado de una escuela superior privada. Lyall daba clases y Jean servía como "madre del internado." Una noche de invierno, el director de la escuela quería que Jean estuviera de guardia porque había escuchado el rumor de que algunas de las muchachas planeaban escaparse del internado. Jean estuvo al acecho toda la noche, vigilando con cuidado.

Alrededor de las ocho y media, Jean fue al cuarto de Heather para meterla a la cama. El ritual a la hora de ir a la cama era importante para ambas, ya que para Jean era difícil pasar mucho tiempo a solas con Heather durante el día. Muchas de las muchachas del internado necesitaban el ánimo maternal y la dirección de ella también.

Esa noche, Heather demoró para dormirse. Jean estaba inquieta y agitada por las artimañas que pensaba se maquinaban tras sus espaldas. Estaba deseosa de que Heather se quedara dormida para así regresar a supervisar los pasillos.

Jean trató de explicarle a su hija que no tenía mucho tiempo. Pero Heather no la tuvo en cuenta y Jean empezó a arder. Finalmente, Heather se subió a la cama. Jean la cubrió rápido con las colchas y se quedó evitando cualquier conversación. Cuando Jean abrió la puerta para salir, Heather le dijo: "Mami, cierra la puerta y siéntate en la cama que quiero hablar contigo."

Jean se sentó en la orilla de la cama, lista para brincar si oía algún ruido sospechoso.

—Mami, quiero hablar contigo —le dijo Heather con más insistencia.

—¿Qué pasa amor? —Jean le respondió.

—¡No puedo hablar cuando tú estás así!

Jean trató de relajarse y dijo:

—Bien, querida, ¿qué es lo que me quieres decir? —esperando que no fuera nada importante para discutir.

—Por favor acuéstate conmigo —dijo Heather.

—Ah, bueno.

Jean se acostó con ella esperando que su hija dijera lo que tenía en mente, pero la niña se quedó callada por un largo tiempo.

Finalmente, Jean le dijo con impaciencia:

—Si quieres decirme algo, Heather, hazlo ahora.

Allí fue cuando Heather dijo algo que su madre nunca olvidó.

—Mami, no puedo hablar cuando tú estás de esta forma. Primero debes recostarte en el alma.

Las palabras golpearon a Jean como un manotazo repentino en medio de los ojos. Decidió que su hija era más importante que cualquier distracción. Tomó un profundo aliento, miró a los ojos de Heather y le ofreció su completa atención. Por supuesto; Heather sintió la diferencia. Después que Jean se colocó en la almohada a su lado, Heather descargó la carga que había llevado todo el día.

Los niños de su clase se habían estado burlando de su manera de hablar. La maestra se había burlado de ella enfrente de toda la clase diciendo que hablaba como un bebé. Heather lloró y lloró preguntándole a su madre por qué no le había dicho que hablaba tan horrible. Jean le aseguró a su hija que el problema sería resuelto al próximo día.

A la siguiente mañana, Jean habló con el director, quien se especializaba en ayudar a niños con impedimentos del habla. Heather empezó una terapia en seguida y en poco tiempo su pronunciación se corrigió.

Las palabras de Heather se quedaron conmigo a través de los años. Trato de recordar "recostarme en el alma," en especial cuando llevo a los niños a la cama por la noche. Allí es cuando todos los acontecimientos del día vienen a sus mentes. Las diversiones terminaron y tienen tiempo de pensar. Para ser honesta, desearía que ese momento no ocurriera en la noche, pues estoy muy cansada. Algunas veces todo lo que quiero es terminar pronto con la rutina de la noche para poder desplomarme por una hora antes de apagar las luces. Por ser madrugadora, me gustaría que pudieran desahogar sus cargas a las 6:00 A.M., ¡luego de haber disfrutado un expreso! No tengo suerte. Ellos están en otro mundo a esa hora.

Sin embargo, una vez desperté a Jessie temprano en la mañana para tener una conversación de corazón a corazón antes que se fuera a la escuela. No dormí mucho la noche anterior. Al irse a dormir, ella me había contado algunas cosas que me preocuparon. Dejé la conversación y el corazón se me quedó con un gran peso. A esa hora, solo escuché, sin saber cómo responder mejor.

En la noche oré por sabiduría y discernimiento. Como a las cinco y media, desperté otra vez, recordando la conversación de la noche anterior.

Dije: "¿Señor, qué debo hacer?"

No escuché ninguna voz audible, pero dos palabras pasaron con claridad por mi mente: "Hay más."

Eso fue todo. Ninguna solución. Ninguna estrategia. Ninguna fórmula. Solamente "Hay más."

Bien —pensé—, *debo averiguar qué significa eso*.

En silencio salí de la cama y me preparé una taza de café. Murmurando una oración, fui a despertar a Jessie. Todavía con los ojos adormecidos, se sentó en la cama sin saber lo que estaba pasando.

Con torpeza le dije:

—Sé que no te gusta levantarte tan temprano, pero al orar por lo que me contaste anoche, creo que escuché decir al Señor 'hay más'. ¿Me puedes decir qué significa eso?

Obtuve una mirada fija como respuesta.

Siguió una cubeta de lágrimas y el resto de la historia. Algo de la información era difícil de escuchar, pero era muy importante saberlo todo para poder manejar apropiadamente la situación.

Nunca olvidaré las palabras de Dios durante las tempranas horas de esa mañana. Estaba preocupada, confundida y temerosa. Dios sabía eso y él me guió. Las cosas que se compartieron pudieron no haber sido reveladas de no haberlo escuchado a Él y no haber actuado según su guianza.

Estoy tan agradecida por no haberme encogido de hombros a las palabras que escuché ni haberlas negado para evitar el conflicto. Eso me hace desear más escuchar al Espíritu mientras continuamos por estos inexplorados territorios. Hace que nunca menosprecie el poder del único que conoce íntimamente cada detalle de mis hijos y de mí.

Cuando el Espíritu Santo da dirección y nosotros respondemos, veremos resultados. Algunas veces las cosas empeoran antes de mejorar. A menudo las cosas ocurren así en este mundo. Pero en la economía de Dios, el dolor siempre tiene un propósito.

No podemos engañar a nuestros hijos ni a Dios con nuestros intentos. Entonces, cuando escuchemos, recostémonos en el alma primero. Será más fácil para nuestros hijos llegar a nosotros. Y también al Espíritu Santo.

Estímulo adicional: Un sorbo de humor

Esta es la lista de anuncios puestos en el boletín de la iglesia...
¡AYYY!

*Recuerden en oración los muchos que están enfermos de nuestra iglesia y de la comunidad.

*El jueves por la noche —cena ordinaria. Oración y medicinas a continuación.

*Para todos aquellos de ustedes que tienen hijos y no lo saben, tenemos una sala cuna abajo.

*El capullo en el altar esta mañana es para anunciar el nacimiento de David Alan Belzer, el pecado del señor y la señora Belzer.

*Esta tarde habrá una reunión en los extremos norte y sur de la iglesia. Los niños se bautizarán en ambos extremos.

*Una cena de frijoles se llevará a cabo el martes por la noche en el salón de la iglesia. Seguida por música.

*En el servicio de esta noche, el tema del sermón será: '¿Qué es el infierno?' Venga temprano para que escuche practicar al coro.[1]

CAPÍTULO 20

Los problemáticos

"*Pero yo os digo: amad a vuestros enemigos, y orad por los que os persiguen.*"

Mateo 5:44 (LBLA)

Cuando Ken estaba en séptimo grado, tenía problemas con un abusador que lo humillaba a diario. Hacía que Ken tropezara en la clase, le halaba la silla violentamente, le metía la cabeza en la llave del agua cuando estaba bebiendo y se burlaba con crueldad de él con los demás.

La personalidad paciente y amorosa de Ken toleró este maltrato por semanas hasta un día en que finalmente llegó al límite. Llegó reventando a casa luego de un horrible día; derramó su corazón con su mamá, Nancy, detallando cada cosa que el abusador le había hecho desde el comienzo de la escuela. Como cualquier madre consciente, Nancy quería hacer lo que fuera para ayudar a su hijo. Lo abrazó y le dijo:

—Ken, por alguna razón este muchacho se ha convertido en tu enemigo —continuó—. Nosotros no sabemos por qué, pero creo que podemos hacer algo al respecto.

La cara desanimada de Ken se levantó con esperanza mientras esperaba escuchar su idea.

—Necesitamos orar seriamente por este niño —Nancy continuó—. Dios nos dice que oremos por nuestros enemigos. Creo que si hacemos lo que Dios dice, él te ayudará.

Desde ese día, cerraban sus días orando por el "niño malo" en la clase.

Cuando pasaron las semanas, el maltrato gradualmente bajó. En dos meses, los dos muchachos estaban juntos sentados en el bus como compañeros de viaje. La escuela terminó y Ken no vio mucho al problemático durante el verano. Pero al otoño siguiente, el muchacho y su mamá pasaron por la casa de Ken para comprar una capa que a Ken ya no le servía. Las madres conversaron tomando una taza de té en la cocina, mientras los muchachos jugaban. Durante la charla, la otra madre hizo una pausa y con un parpadeo de gratitud en los ojos dijo a Nancy: "¡Mi hijo se pasa la vida pensando en Ken!"

Han pasado muchos años desde esos crueles días de escuela. Maestros y alumnos han venido y se han ido. Muchas capas que ya no les sirven, cuelgan en los roperos de ambos muchachos. Ken nunca comprendió por qué el abusador lo escogió para molestarlo. Pero no importa. Hoy día los muchachos están en la escuela superior y el antiguo abusador de Ken ahora es su buen amigo. Puede que sean tan distintos como el día y la noche, pero eso no les impide ser amigos. Los otros muchachos con los que comparten no entienden esa amistad. Ken simplemente le llama "Cosa de Dios."

Lo que empezó como una maldición terminó en una bendición. Este abusador y su familia visitaron la iglesia a la que asisten Ken y Nancy, y empezaron una nueva y emocionante relación con Dios.

Ahora, cuando Ken tiene algún problema con algún problemático, viene a casa, ventila sus frustraciones y luego dice:

—Mamá, ¡él lo está pidiendo!

Oración, por supuesto.

Estímulo adicional: Un sabor de esperanza

"Bueno es para mí ser afligido, para que aprenda tus estatutos."

Salmo 119:71 (LBLA)

⁓⁓⁓⁓

"No importa lo grande que sea la presión. Lo que de verdad importa es dónde esta se sitúa —si como obstáculo entre usted y Dios, o empujándole más cerca de Su corazón.

Hudson Taylor [1]

⁓⁓⁓⁓

"Por tanto, no os hagáis semejantes a ellos; porque vuestro Padre sabe lo que necesitáis, antes que vosotros le pidáis."

Mateo 6:8 (LBLA)

⁓⁓⁓⁓

"La oración no cambia a Dios, pero sí cambia al que ora."

Soren Kierkegaard[2]

⁓⁓⁓⁓

"Porque para este propósito habéis sido llamados, pues también Cristo sufrió por vosotros, dejándoos ejemplo para que sigáis sus pisadas."

1 Pedro 2:21 (LBLA)

CAPÍTULO 21

Visita a la casa

"*No podéis beber la copa del Señor y la copa de los demonios.*"

1 Corintios 10:21 (LBLA)

Algunas veces es fácil caer en las rutinas diarias y olvidar que están ocurriendo más cosas de las que nuestros cinco sentidos pueden detectar. Existe un reino espiritual que es tan real como lo que vemos, tocamos, saboreamos, oímos y olemos. Los espíritus están en guerra por nuestros hijos, el más poderoso ser es el Espíritu Santo. Sus intenciones son siempre bendecir, sanar, restaurar y ayudar a nuestros hijos a cumplir los propósitos del reino de Dios.

Sin embargo, los espíritus oscuros también tienen la misión de atrapar a nuestros hijos. Son astutos, malos y engañosos. Satanás, el gran engañador y autor de las mentiras, disfruta a plenitud tener a las personas concentradas en sus estrategias. Mientras la gente crea que el infierno y los espíritus diabólicos son simplemente un montón de espantajos, él tiene el dominio.

John estaba programado como el pastor disponible en la iglesia durante un día regular, hasta las cuatro y media de la tarde cuando una llamada fue transferida a su oficina. John respondió y escuchó una voz estremecedora de un joven asustado al otro lado de la línea.

—¿Ah, es usted ministro?

—Sí —respondió John—. ¿Lo puedo ayudar en algo?

—¡Sí, necesito que alguien venga a mi casa en seguida! —dijo el muchacho—. Estoy aquí con mis dos amigos y están pasando cosas raras.

—¿Qué quiere decir con 'cosas raras'?

—Usted no me va a creer si se las digo.

—Bien, trate —le dijo John—. ¿Qué está pasando?

Los cuadros se están cayendo de la pared y la televisión se enciende y apaga por sí misma. Hay algo muy malo en esta casa.

Después de escribir la dirección, John se fue a la casa.

Tres pálidos y espantados adolescentes le saludaron en la puerta. Estaban en los dieciséis o diecisiete años y parecían comunes estudiantes de escuela superior. Ninguno de ellos asistía a la iglesia, pero sabían de la iglesia East Hill por otros muchachos de la escuela.

John se sentó con ellos en el sofá de la sala y escuchó las historias de las extrañas cosas que pasaban. El muchacho que vivía allí no había podido dormir en las noches por ruidos extraños que lo mantenían despierto.

Por la curiosidad de saber cómo ellos percibían estos macabros incidentes, John les preguntó:

—¿Qué piensan ustedes que está ocurriendo aquí?

—Yo no sé, pero todo empezó cuando estábamos jugando con la tabla de Ouija.

Mientras John hablaba con estos jóvenes, la televisión, que estaba apagada, de repente se encendió con un volumen exagerado. John vio el control remoto en la mesa frente a él y sabía que nadie lo había tocado.

—¿Ve? ¿Ve? A eso me refiero —gritó uno de los muchachos—. ¡Ahora sí nos cree!

John investigó más allá. No había otro control remoto en la casa y nadie más estaba en ella. Las historias de los muchachos eran consecuentes y el terror de sus ojos era más que horror. John sabía que algo fuera de lo natural estaba ocurriendo cuando la televisión no le respondió al tratar de apagarla. Tuvo que halar el cable de la pared para poder continuar su discusión con los muchachos.

John les explicó a los jóvenes que la Ouija no era una inocente forma de juego y diversión. Le había abierto las puertas a los poderes malignos que los estaban molestando.

—La Biblia dice que Dios es el único que tiene poder sobre estas fuerzas malignas —les dijo—. Si ustedes tienen una relación con Él, no tienen por qué soportar esta clase de acosos.

—¿Entonces qué hacemos? —preguntó uno de ellos—. ¿Cómo la tenemos?

John le respondió:

—Usted no va a tenerla, usted va a tenerlo a Él. Es a través de Su poder en usted que parará estas cosas.

Los muchachos no querían perder ni un segundo. En ese momento y allí, John los dirigió en una simple oración. Los tres dijeron sí a Dios y no al diablo. Quemaron su tabla de Ouija y decidieron que no volverían a abrir más puertas al infierno. La primera experiencia les enseñó una verdad escrita hace siglos por alguien que estuvo con Jesús: "Por tanto, someteos a Dios. Resistid, pues, al diablo y huirá de vosotros" (Santiago 4:7).

Muchos jóvenes, por ignorancia, abren la puerta de sus vidas a poderes malignos. Como padres, necesitamos conocer estas artimañas y enseñarles a nuestros hijos a discernir las mentiras. Si su hijo o hija está experimentando juegos, libros, música o cualquier otra cosa que pudiera guiarle a la cueva del maligno, ¡intervenga! Detenga eso. Muéstrele hacia dónde le lleva ese camino.

Respecto a los muchachos, John no ha recibido ninguna espeluznante llamada más. Esperamos que hayan aprendido de una vez y por todas a tocar solamente en la fuente del poder que da vida.

Estímulo adicional: **Un sorbo de humor**

Rótulos de entretenimiento que se encuentran por el país...

* En un cuarto de maternidad: ¡Empuje! ¡Empuje! ¡Empuje!

* En un hospital: No se permiten niños en el pabellón de maternidad.

* En una reja residencial: Los vendedores son bienvenidos. La comida del perro es muy cara.

* En un complejo de oficinas profesionales: Matamos a cada tercer vendedor y el segundo se acaba de ir.

* En una ventana de una lavandería: Damas, dejen su ropa aquí y vayan a disfrutar la tarde.

* En la puerta de un veterinario: Regreso en diez minutos. Siéntese, no se mueva.

* En un camión de un electricista: Déjenos quitarle sus cortes.

* En una funeraria: Maneje con cuidado; nosotros le esperaremos.

* En la puerta principal de una residencia: Todos los de este lugar son vegetarianos excepto el perro.

Capítulo 22

Ser padre del hijo pródigo

"Los refinaré como se refina la plata, y los probaré como se prueba el oro. Invocará él mi nombre, y yo le responderé; diré: "El es mi pueblo y él dirá: El Señor es mi Dios."

Zacarías 13:9 (LBLA)

Hace años, cuando John y yo empezamos a enseñar a los estudiantes del último año de secundaria, conocimos a una impresionante joven pareja, Sharon y Kurt, quienes nos ayudaron voluntariamente. Sentíamos una gran admiración y respeto hacia ellos por su sabia forma de ser padres y por la dedicación a sus hijos. No podría encontrarse padres más dedicados. Vivían lo que decían y demostraban amor en sus acciones. Otros los veían como una familia modelo y los buscaban para recibir consejos.

En algún lugar del camino, perdimos el rastro de ellos. John y yo cambiamos nuestro grupo juvenil y Dios guió a Sharon y Kurt a ayudar a empezar una nueva iglesia. Dejamos de vernos por muchos años. Sus hijos ya estaban crecidos cuando nosotros tuvimos a los tres nuestros. Hace un tiempo, los volvimos a ver. Los quince años que nos dejamos de ver nos dejaron con algunas arrugas al reírnos y con algunas canas (solo en los hombres). Pero en cuanto empezamos a hablar, fue como en los viejos tiempos. Deseosos de renovar relaciones, acordamos reunirnos otra vez y visitarlos en su encantadora casa.

Mientras bebíamos té frío, nos reímos de las fotos de Jessie, Ben y Nathan y ellos con orgullo nos mostraron fotos de sus hijos, Jason y Matthew. A partir de ahí, la historia que deseo compartir con ustedes comenzó a revelarse. Muchas de las cosas que nos contaron eran muy personales y difíciles de contar. He pedido a Sharon que cuente la historia...

* * * *

El sonido de las ambulancias que corrían a ayudar a de Matthew era más de lo que mi mente podía comprender. Puse la cabeza de mi hijo sobre mi regazo. Sus ojos estaban en blanco. Le temblaba todo el cuerpo con convulsiones. ¿Cómo sucedió esto? Solo unos momentos antes manejaba su tabla de patinaje, reía y bromeaba con sus amigos. Ahora su gorra de béisbol y la tabla de patinaje estaban tiradas hechas pedazos en el estacionamiento de la escuela. Las sirenas sonaban con las luces encendidas. Los carros de bomberos y de la policía se acercaron rechinando las llantas. Los paramédicos corrieron hacia nosotros y me pidieron que me hiciera a un lado mientras ellos asistían a mi hijo. Mis ojos grabaron su delgada figura. Se veía tan frágil.

Me fui en la ambulancia y observé cómo los paramédicos trabajaban para estabilizarlo. No podía creer los mensajes que escuchaba y que comunicaban al hospital. Seguro no es de mi hijo de quien estaban hablando: "Quince años de edad, masculino, posible daño en el cerebro, las pupilas no responden, convulsiones en actividad, inconsciente, profundo golpe en la parte inferior del abdomen..."

Un carro había atropellado a Matthew. Lo lanzó sobre el mismo carro y luego cayó en el pavimento. Por trece días, estuvo inconsciente por la severa lesión en el cerebro. Cuando despertó del estado de coma, no era el mismo joven. Se volvió extremadamente enojado, enojado con Dios, con sus doctores, con su hermano y enojado con Kurt y conmigo.

En los meses de terapia física, sus frustraciones parecieron aumentar. El accidente dejó dañadas sus habilidades motoras y le provocó una pérdida temporal de la memoria. Antes del accidente, Matthew era un estudiante con mención de honor. Después de esto, no podía retener una simple información. Sus notas sufrieron y también él.

Cuando Matthew tenía dieciséis años, su enojo y rebeldía se intensificaron. A los diecisiete abandonó el hogar. No supimos nada de él por muchos meses, ni siquiera si estaba vivo. Kurt y yo sufrimos. ¿Cómo podía nuestro hijo, el que yo había tenido en mis brazos por tantos años, rechazar nuestro amor?

Los temores eran mis constantes compañeros. El sueño nocturno resultaba complicado con tanta ansiedad así como los pensamientos del día. Tenía visiones en las que recibía más noticias de Matthew. Ya le habían pasado tantas cosas malas que era difícil defenderme de graves pensamientos de que algo peor iba a sucederle. Me preocupé por su seguridad. Temí por su vida.

Experimentaba palpitaciones cardíacas y dolores de pecho a diario. Mi doctor me dijo: "Debe dejar ir la tensión." ¿Pero cómo? No tenía idea de cómo dejar ir mis preocupaciones por Matthew. Él era mi hijo, mi carne y sangre.

Vinieron momentos de alivio cuando escribía en mi diario. Llenaba cada día las páginas de ese pequeño libro con mis más profundas emociones. Algunas de las introducciones eran oraciones. Otras eran promesas de Dios susurradas a mí. Y otras eran letras para Matthew.

Una tarde en que estaba sola en casa, me quedé dormida cuando leía un libro. Algo me sobresaltó, al despertar me sentí como si me ahogara en olas de desesperación, sin poder respirar. Clamé a Dios y con perfecta claridad, le escuché decir: "Mi hija, estoy aquí." El espíritu de opresión desapareció de inmediato. Una y otra vez, Dios me rescató del océano del sufrimiento.

Después de unos meses sin noticias, finalmente supimos de Matthew. Nos llamó para decirnos que estaba viviendo con un amigo y quería vernos. Nos regocijamos, esperando que éste fuera el comienzo de una reconciliación. Después de esa visita, estuvimos más agobiados por el dolor que antes. Matthew seguía rebelde y enojado.

Yo examiné la situación por días. Sin descanso e incapaz de encontrar paz, me era difícil dormir. Los dolores de pecho regresaron. Me era difícil respirar. Una vez más, la lucha me llevó a arrodillarme y a poner a Matthew delante de Dios. Una tarde en que leía mi Biblia, un pasaje de Isaías me ayudó a cambiar mi perspectiva:

> ¿Acaso no lo sabes? ¿Es que no lo has oído? El Dios eterno, el Señor, el creador de los confines de la tierra no se fatiga ni se cansa. Su entendimiento es inescrutable. Él da fuerzas al fatigado, y al que no tiene fuerzas, aumenta el vigor. Aun los mancebos se fatigan y se cansan, y los jóvenes tropiezan y vacilan, pero los que esperan en el Señor renovarán sus fuerzas; se remontarán con alas como las águilas, correrán y no se cansarán, caminarán y no se fatigarán (Isaías 40:28-31 LBLA).

El Espíritu de Dios me recordó que aunque yo estaba preocupada, Dios no lo estaba. Aunque yo no entendía nada, Dios lo entendía todo. Aunque mi jovencito, a quien yo amaba profundamente, estaba tropezando y cayendo, Dios estaba estable y seguro. Él me daría la fortaleza que necesitaba para seguir adelante.

Recuerdo haberle dicho a Kurt: "Estaré tan feliz cuando Matthew regrese a casa." El comentario apenas acababa de salir de mi boca cuando sentí al Espíritu decirme: "Empieza a celebrarlo ahora, antes que suceda."

El mensaje era de alguna manera confuso, pero mientras más analizaba sus palabras, más comprendía lo que Dios me pedía. Él quería que yo demostrara mi fe, que empezara a vivir como si el regreso de mi hijo ya estuviera en progreso. Yo quería "ver" antes de creer, pero Dios me estaba diciendo; "Si crees, verás." Él quería que yo creyera en su poder, en su sabiduría y en su tiempo. Quería que yo confiara en él.

Dios nos estaba dando una lección en este tiempo. Él no quería que nos marchitáramos y muriéramos mientras Matthew estaba lejos. Nuestro hijo mayor, Jason, fue quien trajo luz a la situación. Los tres estábamos en la cocina hablando cuando Jason dijo: "¿Cuándo reiremos y volveremos a estar felices otra vez?" Tenemos que encontrar de nuevo el gozo, aun mientras esperemos el regreso de Matthew.

Jason tenía razón. Nos habíamos aislado por no arriesgarnos a herirnos. Habíamos dejado de invitar gente a nuestra casa. Temíamos ser vulnerables y exponer nuestros problemas. No teníamos el vigor para tratar con las actitudes de juicio o las críticas.

Ahora veo que el aislamiento alimentó nuestra angustia. Cuando estábamos solos, éramos incapaces de recibir fortaleza de los otros. Nos habíamos cerrado a la gente. Creo que así quería vernos el enemigo de nuestras almas: alejados, solos, sin esperanza.

También me di cuenta que mi vida espiritual se había vuelto angosta y triste. Durante mis momentos privados de adoración, intercalaba el nombre de Matthew en los versículos de la Biblia y en los cantos de alabanza. Un día en que cantaba mis plegarias por Matthew, el Espíritu de Dios me retó diciendo: "Te he prometido que

Matthew regresará a mí. ¿Confías en mí, aun si nunca llegas a ver esta promesa cumplirse durante tu vida?" Luego vino una importante pregunta: "¿Hija, en qué se ha convertido nuestra relación?"

Era una revelación dolorosa. Me di cuenta de todo el tiempo transcurrido desde que estuve con el Señor sin hacer de Matthew el centro de nuestra conversación. De alguna manera estaba atrapada en el pensamiento de que el fervor de mis oraciones y cantos harían regresar a mi hijo pródigo a casa. Matthew se había convertido en un ídolo, robándose mi afecto hacia mi Padre celestial. Esta reflexión me acongojó, aunque al mismo tiempo sentí mucho consuelo al recordar Su celoso amor por mí.

Uno de los días más difíciles de mi vida ocurrió una tarde cuando recibimos una carta de nuestra iglesia, pidiéndonos que Matthew no regresara. No querían que influyera a otros en forma negativa. En ese tiempo, nosotros habíamos estado en contacto con él más que todo por teléfono. De vez en cuando nos visitaba. Estaban ocurriendo cambios positivos en él. La carta de la iglesia nos tomó desprevenidos por completo. Aquellos que considerábamos nuestro mayor apoyo, nos traicionaban. La amargura empezó a echar raíz.

Kurt y yo sabíamos que estábamos en medio de un fuego de refinación, y que teníamos que tomar decisiones drásticas. Dejábamos que Dios nos refinara, o nos llenábamos de amargura y permitíamos que las llamas nos consumieran. Dios había visto las veces que juzgamos a otros padres de hijos pródigos. Ahora era nuestro turno. En ese tiempo nosotros éramos líderes en la iglesia, sabíamos que si salíamos enojados, muchos sufrirían. Nos quedamos en obediencia a Dios y él nos dio la habilidad sobrenatural para hacer lo que no hubiéramos podido por nuestra cuenta. Nos vimos en los rostros de quienes nos juzgaban por nuestras habilidades como padres y decidimos perdonarlos. En el proceso, Dios reemplazó nuestra tendencia a juzgar por compasión a los padres que, como nosotros, esperaban el regreso del hijo pródigo. Cuando extendimos gracia a otros, Dios derramó Su gracia en nosotros. Mientras más dábamos, más recibíamos. Cuando nuestro perdón fue completo, Dios nos dirigió a un lugar seguro dentro de otra iglesia.

Tratamos al máximo de ayudar a Matthew en cada posible manera. Cuando nos llamaba o nos visitaba, con gentileza le sugeríamos formas que le ayudarían a una mejor calidad de vida. Parecía ser la forma responsable de obrar. Pero no lo era. Una noche, Matthew vino a cenar, disfrutamos de un pollo, puré de papás y sosteníamos una conversación despreocupada y casual. Los muchachos hablaban de las cosas que deseaban, Kurt se dirigió a Matthew y le dijo:

—Si de verdad quieres ir a la universidad, me dará mucho gusto pagar tu colegiatura. El dinero está disponible, si quieres usarlo.

Matthew, agitado dijo:

—¿Qué pasa si nunca cambio? ¿Qué pasa si esto es todo lo que quiero ser? ¿Me seguirás amando?

Vimos esa noche el dolor de nuestras "provechosas indirectas" evocadas en Matthew. Al siguiente día cuando estábamos orando Kurt y yo, Dios nos aclaró que nuestras responsabilidades "de dirección" habían terminado. Todo lo que Él quería que hiciéramos ahora, era que amáramos a Matthew sin condición. Él nos dijo que no sería una persona quien penetrara las defensas de Matthew, sino el Espíritu Santo. Ambos le escuchamos decir: "A través de su amor, yo le revelaré mi amor." Es difícil describir la libertad que eso nos produjo. La guía, dirección y enseñanza eran ahora responsabilidad de Dios. Todo lo que nosotros teníamos que hacer era amar a Matthew. Eso nada más.

Matthew tiene ahora veintiún años y Jason veinticuatro. En la pasada Navidad hice un álbum de fotos para cada uno, los llené de fotos de nuestros viajes de campamento, expediciones en nuestra casa rodante a través de los Estados Unidos, aventuras en Disneylandia y otras memorias especiales para la familia. Cuando Matthew pasaba las páginas de su álbum, noté una expresión de tristeza en su rostro.

—¿Hay algún problema, Matthew? —le pregunté en tono suave.

—Mamá, sé que estas fotos son mías, pero no recuerdo ninguno de esos momentos. No recuerdo nada antes del accidente. Solo recuerdo que me desperté enojado... enojado con todo y con todos.

Yo estaba devastada. ¿Cómo no podía recordar los maravillosos momentos familiares? Era inconcebible para mí que todos los recuerdos positivos que creamos cuidadosamente durante su infancia hubieran sido borrados por el accidente.

El temor inundó mi alma. La cabeza me daba vueltas. ¿Se habían desvanecido sus fundamentos espirituales también? Una vez más, el Espíritu Santo interrumpió mi ansiedad con verdad: "Sharon, Dios ha sabido esto todo el tiempo."

Aunque esto era nuevo para mí, no lo era para Dios. En realidad, nada había cambiado. El recuerdo se marchó por años. Yo estaba segura de que la pérdida de memoria de Matthew no anulaba las promesas de Dios para mí.

Desde ese incidente alrededor del árbol de Navidad, hemos orado a diario por la sanidad de la memoria de nuestro hijo. Es un proceso lento, pero trozos y pedazos del pasado están empezando a filtrar el presente. Con cada nuevo recuerdo, vemos más de nuestro hijo surgir.

Han pasado muchos años desde que Matthew abandonó la casa, Kurt y yo hemos estado en una travesía que no le deseamos a nadie. Han habido muchas angustias en el camino. Pero la verdad permanece de pie sobre el resto: La fidelidad de Dios ha hecho eco a través del tiempo. Nuestro hijo no está en "casa" todavía, pero sé que está a la vuelta de la esquina.

¿Cómo lo sabemos? Porque Dios ha prometido traerlo, y cada día nos adelanta un paso a esa realidad. Cuando empezamos a amarlo incondicionalmente, él empezó a sanar. Matthew y su abuelo (mi padre) son muy allegados. Mi padre está muriendo de cáncer y Matthew ora por él todos los días. Dios puede usar cualquier cosa para cumplir sus propósitos.

Matthew también ha desarrollado una fuerte relación con su hermano y su cuñada. Él nos llama a diario para decirnos: "Les amo, mamá y papá." Hemos pasado por mucho en estos siete años. Nuestro enojado hijo, quien una vez vivió en la calle, es ahora un hijo amoroso que nos recibe en su vida. Estoy muy contenta de poder agradecer a Dios por su fidelidad antes de experimentar el regreso de Matthew. Hubiéramos perdido mucho gozo a través de los años.

Me gustaría dejarles algunos pensamientos. Una de las mayores lecciones que hemos aprendido es que Satanás es el acusador que trabaja horas extras para robar el gozo y traer condenación. Él sabe cuándo estamos débiles y aumenta nuestra vulnerabilidad. Hemos aprendido a reconocer sus siniestras artimañas y a reemplazar sus mentiras con verdades de Dios.

Él nos cacarea y se mofa, diciendo: "¡Matthew está perdido!" Pero respondemos: "El que comenzó la buena obra en Matthew la perfeccionará." Cuando las fuerzas malignas nos abruman con la mentira "Dios los ha olvidado", respondemos: "Dios dice que él nunca nos abandonará."

Amigos, no crean las mentiras de Satanás. Escuchen al Espíritu Santo susurrar promesas frescas del corazón del Padre: "No te rindas. No te des por vencido. Confía en mí. Rinde lo que más amas en tu corazón. Ven a mis infinitos brazos y déjame sostenerte. Toma mi mano. Yo te guiaré por la oscuridad y cambiaré tu lamento en gozo. Seré fiel a ti y a tus hijos. El mundo dice que tienes que ver para creer. Yo te digo: 'Si crees, verás.'"

* * * *

Postdata: Recientemente, Kurt y Sharon recibieron una llamada de Matthew preguntándoles si podía regresar a casa. Ahora están desempacando cajas y empezando un nuevo capítulo en sus vidas. El hijo pródigo está en casa, y ellos han declarado este, como su Año de Jubileo.

Estímulo adicional: Un sabor de esperanza

"Jesús no vino ni a explicar el sufrimiento ni a quitarlo. Vino a llenarlo con su presencia."

Paul Claude[1]

━━━━∽∼∽━━━━

"No temas, porque yo estoy contigo; no te desalientes, porque yo soy tu Dios. Te fortaleceré, ciertamente te ayudaré, sí, te sostendré con la diestra de mi justicia."

Isaías 41:10,13

━━━━∽∼∽━━━━

"Poder explicar el sufrimiento es la más clara indicación de nunca haber sufrido."

Oswald Chambers[2]

━━━━∽∼∽━━━━

"¿Por qué dices, Jacob, y afirmas, Israel: Escondido está mi camino del Señor, y mi derecho pasa inadvertido a mi Dios? ¿Acaso no lo sabes? ¿Es que no lo has oído? El Dios eterno, el Señor, el creador de los confines de la tierra no se fatiga ni se cansa. Su entendimiento es inescrutable. Él da fuerzas al fatigado, y al que no tiene fuerzas, aumenta el vigor. Aun los mancebos se fatigan y se cansan, y los jóvenes tropiezan y vacilan, pero los que esperan en el Señor renovarán sus fuerzas, se remontarán con alas como las águilas, correrán y no se cansarán, caminarán y no se fatigarán."

Isaías 40:27-31

CAPÍTULO 23

La crítica

"*No juzguéis para que no seáis juzgados.*"

Mateo 7:1 (LBLA)

"Ha sido en verdad una horrible semana" —me dijo Laura mientras se sentaba en la silla frente a mí—. "Me siento como si me hubieran tendido una emboscada."

Yo noté, por la expresión en la cara de esta madre de cuatro hijos, que estaba como para salvar la vida misma. Los vientos de adversidad habían azotado su alma como un huracán. Tenía más tensión crónica que cualquier otra madre; un hijo con un severo caso de un desorden de déficit de atención, una hija adolescente que sufría de depresión y dos niños preescolares que corrían a su alrededor desde el amanecer hasta el anochecer. Pero el día en que vino a verme, esos asuntos pasaron a un segundo plano para dar paso a un problema más urgente, un problema familiar de la mayoría de nosotros que tenemos hijos.

Mientras Laura relataba los eventos de la semana, pude notar que había soportado los vientos dolorosos de la crítica. Otra madre de la escuela había tomado la posición de juez y jurado y había dictaminado que su hija Mandy, era "una niña problemática." Esta mujer veía a Mandy como una mala influencia para el resto de la clase. Laura sabía que ella había tomado la "tarea" (presunción) de "informar" (chismear) con muchos padres de familia sobre Mandy.

Con lágrimas, Laura me dijo:

—Mi amiga me llamó ayer y me preguntó si yo sabía lo que estaban diciendo de Mandy. Yo no sabía absolutamente nada. Me dijo que ella y otros padres de familia habían sido "informados" sobre Mandy por otra madre. Mi amiga conoce a Mandy desde hace años y estaba preocupada por lo que escuchó. Por lealtad, me llamó.

Pocas cosas producen heridas tan punzantes como el juicio erróneo y la crítica. La mayoría de nosotros lo hemos experimentado —el sentimiento de que alguien nos vea como inaceptables. Ellos piensan que somos "mucho de esto" o "demasiado de aquello." Estar en la mira de la crítica puede absorber la vida del alma más vigorosa. Es peor aun cuando esa crítica está dirigida hacia nuestros hijos.

Por unos momentos, Laura y yo exploramos los sentimientos provocados por esta serie de sucesos. Ella estaba enojada con alguien que había encasillado a su hija. Se sentía avergonzada de que su familia fuera vista en forma negativa. Pero los fusibles de ella se encendieron al saber que esta crítica también había cerrado de golpe su habilidad como madre, diciendo que debería renunciar a su trabajo de media jornada en el banco y hacer de sus hijos la prioridad. ¡Ese presionó el más grande de los botones de culpabilidad! Lo que es más, Laura temía que otros creyeran la crítica y discriminaran a su hija.

Yo no conocía muy bien a Mandy. Parecía ser una típica muchacha de noveno grado, que luchaba con cambios de carácter y autoestima. No obstante, tenía amigas, iba bien en la escuela e incluso era voluntaria como separadora de dulces en el hospital local. Por mis recuerdos, yo no podía pensar en nada que hiciera que otros creyeran que ella era un "problema". No sabía qué había motivado ese chisme.

Supimos que Mandy y la hija de la murmuradora, Patty, habían sido amigas desde tercer grado. Fueron a la escuela juntas, hacían deportes y compartían muchos de los mismos amigos. Pero las cosas cambiaron cuando las niñas empezaron el noveno grado. Mandy entró en el equipo de baloncesto. Patty no. La madre de Patty pensó que la decisión había sido política. Surgieron los celos.

Poco después, Mandy y Patty se pelearon por cosas usuales entre adolescentes y cruzaron palabras fuertes. Patty le contó a su madre lo que pasó, quién lanzó la campaña de "arreglar" a Mandy —a sus espaldas, pasivamente agresiva. En vez de animar a su hija a que arreglara las cosas con Mandy, esta madre enojada tomó la misión de contarles a todos que Mandy era una "mala" muchacha y que su hija había sido una víctima inocente. Como es natural, la madre nunca mencionó la contribución de Patty en el conflicto.

Laura y yo acordamos que esta no iba a ser la última vez que alguien la criticara a ella o a sus hijos. Las críticas abundan a lo largo del camino. Ella quería desarrollar una estrategia para tratar con estas situaciones de modo que trajeran sanidad y crecimiento. Después de todo, el ejemplo que damos a nuestros hijos en respuesta a estas situaciones tiene mucho más poder en sus vidas que las mismas situaciones.

Le compartí a Laura lo que una mujer sabia —de ochenta y dos años de juventud— me dijo una vez: "Pam, tu trabajo no es criar niños devotos."

Su comentario me sacudió. Arrugué la nariz y dije:

—¿Qué? Usted debe repetirme eso otra vez.

—Tu trabajo no es criar hijos devotos —me repitió. Luego añadió—: Tu trabajo es ser un modelo de madre devota para tus hijos. Dios les ha dado libre voluntad y él es el único que tiene los grandes poderes de formación en sus vidas. Tu trabajo es simplemente hacer tu parte al modelar una conducta devota.

Yo también he estado en la posición de Laura y he sufrido el dolor de ver a mis hijos decir cosas crueles y cometer errores mientras crecen. ¿Qué padre no lo ha hecho? También he estado en la mira de actitudes de juicio y he sentido el dolor de tener un hijo "marcado" en forma negativa.

Después que Nathan nació con el síndrome de Down, una dama se me acercó en la iglesia diciendo: " Estoy orando para que Dios sane a su hijo..." Empezó bien, pero luego agregó: "...porque yo no creo que Dios quiera mongoloides corriendo alrededor del mundo." Yo estaba tan impactada que todo lo que pude hacer fue dar la espalda e irme. Probablemente fue lo mejor. Si me hubiera quedado, tal vez le hubiera apagado las luces.

Pienso en lo que Oswald Chambers dijo una vez: "La verdadera espiritualidad se ve en la faz de la vileza."

Laura y yo analizamos las formas en que ella podía cambiar esta situación difícil en una lección para Mandy. Decidió hablar con su hija acerca de ser buena con Patty y su madre, sin buscar una recompensa. Laura sabía que su percepción hacia Mandy tal vez no cambiaría, pero ese no era el asunto. Dios quería que Laura y Mandy hicieran lo correcto sin importar los resultados. Leyeron 1 de Corintios 13 juntas y discutieron cómo aplicar la definición de Dios del amor a las circunstancias.

Cuando vi a Laura unas semanas después, supe que las cosas iban bastante bien en la escuela. Patty y Mandy estaban en buena amistad otra vez. ¿Y la crítica? Bien, la saga continúa. Los viejos chismes se han reemplazado con algo nuevo y jugoso. Esa es la naturaleza de las palabras astutas. Pero la vida continúa y el temor mayor de Laura —que su hija sea enajenada— no ha pasado. A propósito, es raro que suceda. La mayoría sobrevive a la crítica.

Al escuchar su historia recordé mi propia infancia, a personas que habían sido una influencia significante en mí. Pensé en los que habían provocado lo mejor en mí, aquellos que me aceptaron como era, con verrugas y todo. Eso no quiere decir que no me corrigieron cuando hice cosas malas. Créanme, tuve mi justa medida de disciplina. Sin embargo, sabía que ellos no suponían que detrás de mi conducta se escondían las peores intenciones. Vieron más allá de mis errores y vislumbraron un potencial que yo ni sabía que estaba presente. Perdonaron mis debilidades y me animaron a ser lo mejor que pudiera.

Los niños son obras en progreso. La vida les trae muchas situaciones a su camino para enseñarles. Los errores son parte del crecimiento. Puesto que nuestros hijos están en proceso, todos los juicios son provisionales. Sus historias no han terminado. Están en constante desarrollo, siendo retados más allá de sus presentes debilidades y limitaciones.

Pienso que no es justo juzgar algo hasta que no esté terminado. Y luego probablemente sea mejor dejar ese trabajo al Único que canceló todos los juicios contra nosotros, de una vez y por todas, en la cruz.

Estímulo adicional: Un sorbo de humor

"El Señor hizo a Adán del lodo de la tierra, pero cuando el primer infante vino, Él le agregó la electricidad."[1]

~~~~~~~~\\\\~~~~~~~~

"[Nuestro hijo] William diariamente vuelve a revivir la alimentación de los cinco mil. Le damos un pequeño pastel de arroz y cuando termina, limpiamos hasta doce canastas llenas de sobras."

Kenneth Draper[2]

~~~~~~~~\\\\~~~~~~~~

Una carta de una estudiante de universidad a sus padres...

Queridos papá y mamá:

Lamento no haber escrito, pero todo el papel de cartas se destruyó cuando el internado se quemó. Ahora estoy fuera del hospital y el doctor dice que estaré recuperada por completo. También me mudé con un muchacho que me rescató desde que la mayoría de las cosas fueron destruidas por el incendio. Ah sí, ya sé que ustedes siempre han querido un nieto, así que estarán muy contentos de saber que estoy embarazada, y que tendrán uno pronto.

Con amor, Mary

P.D. No hubo ningún incendio. Mi salud está completamente bien, no estoy embarazada. De hecho, nunca he tenido novio. Sin embargo, sí obtuve una D en francés y una C en matemáticas y química. Solo quería estar segura de que ustedes mantuvieran todo en perspectiva.[3]

CAPÍTULO 24

¡Hola Bobby!

"Porque de tal manera amó Dios al mundo, que dio a su Hijo unigénito, para que todo aquel que cree en Él, no se pierda, mas tenga vida eterna."

Juan 3:16 (LBLA)

A principios del año 1900, una joven mujer llamada Mildred se graduó de la Universidad Estatal Ken y empezó a dar clases en una casa-escuela de una habitación. Ella era la primera en una familia de once hijos en terminar su educación universitaria. Empezaron los problemas cuando conoció al amor de su vida, porque en aquel entonces, no se le permitía a las mujeres dar clases después de casadas. El cortejo duró tres años. Poco después de ser premiada por su certificado de enseñanza de por vida, se casó con Claude Williamson contra la voluntad de su familia.

Luego de establecerse en su comunidad en Ohio, la pareja decidió tener familia. Trágicamente, sus primeros bebés murieron en el vientre. Pero después de unos años de soñar y orar, nació Charlene y luego vino su hijo Bobby. Mildred se quedó en casa con los niños mientras papá Williamson trabajaba largas horas para ganar el sustento. ¿Y los domingos? Bueno, esos eran los días del Señor y los cuatro se unían al resto de los habitantes de la ciudad en la iglesia. El servicio era seguido por una deliciosa comida en la que uno comía hasta saciarse.

¡Hola Bobby!

Un domingo por la tarde, luego de un día de actividades en la iglesia, la familia llegó a casa. Mildred se sentía extrañamente cansada pero pensó que no era nada grave y que con un buen descanso nocturno se curaría. Nueve horas de sueño, sin embargo, no la hicieron sentirse mejor. De hecho, despertó en la mañana tan enferma de gripe que no podía ni salir de la cama. En esos días, los amigos venían con frecuencia a visitar y a beber té frío en la hamaca del portal. Seguro la vecina pasó de visita y se encontró a Mildred débil y con mareos. Ella se ofreció para cuidar a los niños ese día. Con más alivio, Mildred se metió a su cama de plumas y se preparó para dormir. Era un escape bienvenido al calor del día y a la miseria de una molesta e insoportable fiebre.

El pequeño Bobby y Charlene, eran los mejores amigos; corrían de casa en casa mientras jugaban con los otros niños del vecindario. Puesto que la mayoría de las madres estaban en casa durante el día en esos tiempos, había un arreglo comunitario de que cada una cuidaría a todos los niños del vecindario cuando estos se reunían a jugar en un jardín o en otro.

Sin embargo, en esa mañana, Bobby de dos años de edad, había escapado de la atención de todos los ojos guardianes cuando caminaba por el jardín de la casa contigua. Había llovido mucho en ese mes en Ohio, y lo que parecía una poza baja se convirtió por las lluvias en un caudaloso río de cuatro pies de profundidad. Inocentemente Bobby no conocía algo mejor y se zambulló, sin la coordinación o la fuerza para poder salir por sí solo. En minutos, se ahogó.

Circuló un reporte falso de que un niño seriamente incapacitado se había ahogado. Un ahogado es siempre una tragedia, pero de alguna manera los habitantes de la ciudad pensaron que el incidente había sido "una bendición disfrazada". Algunos llegaron a decir: "Es mejor que el niño incapacitado esté en el cielo y no sufriendo en este mundo."

Pero la verdad salió pronto a la luz —el niño incapacitado estaba a salvo en casa con su familia. Era Bobby Williamson el que había muerto.

Finalmente Mildred se recuperó de la gripe, pero el dolor de haber perdido a su hijo duró por años. Ya era demasiado perder dos bebés a los que nunca había tenido la oportunidad de arropar en suaves y acolchonadas sábanas. Pero esto...esto era insoportable.

Mildred y Claude trataron de hacer lo mejor posible mientras sus vidas continuaban. Con el tiempo, la tristeza que vieron en los ojos de su hija al haber perdido a su mejor amigo y hermano los hizo intentar tener otro hijo. Lo concibieron. Pero después de lo que pareció ser un embarazo completo y normal, el bebé nació muerto.

Lucharon con pensamientos fastidiosos que atormentan a la mayoría de los padres que atraviesan experiencias como éstas. ¿Qué hice para merecer esto? ¿Por qué permitió Dios que cuatro niños de un amoroso hogar murieran? Poco después del entierro del bebé, Mildred concluyó que la relación entre Dios y ella estaba aniquilada.

Pasado un tiempo, recibió una llamada del supervisor de la escuela local. Él escuchó que la señora Williamson había sido maestra antes que Charlene y Bobby nacieran y quería que ella viniera a trabajar con él. Ella no respondió a la solicitud, al pensar que no iba a soportar estar en una clase de niños con su corazón lleno de tanto dolor. Pero el supervisor continuó insistiendo. Estaba determinado a cumplir la tarea con una maestra de alta calidad. Después de haber sido estimulada, persuadida y halagada, Mildred se rindió y aceptó la oferta de trabajo.

A través de los años, Charlene y los niños de la escuela la ayudaron a aminorar el dolor emocional. Ella no podía pasarse mucho tiempo abstraída en su angustia cuando había muchos niños que necesitaban su atención. Mildred y su esposo nunca más pudieron traer niños al mundo, pero por muchos años, ella amó y cuidó a cientos de niños que fueron transformados para siempre por ese amor.

Años después, cuando Charlene estuvo en la universidad, Mildred abrió un jardín de infantes privado al que asistían niños de los trabajadores del programa espacial de la Florida. Esto fue antes de que las escuelas públicas ofrecieran los programas preescolares. Muchos de esos niños crecieron y trajeron a sus propios hijos a que conocieran a su "maestra favorita".

Pasé un tiempo con Mildred Williamson un mes antes de su cumpleaños número noventa. Ella, mi tía Charlene, mi tío Jim y los primos, nos reunimos para pasar un fin de semana en familia. La abuela Mildred estaba llena de sonrisa, tan aguda como una tachuela y aun con mucho amor para los niños. Observé a esta anciana tranquilamente sentada en el sofá de la sala, mientras nuestro pequeño Nathan, de entonces cuatro años, se le subía por todas partes como en un laberinto y se lanzaba sobre su falda. Nada la molestaba. Ni el ruido. Ni la actividad. Ni las interrupciones en las conversaciones. Tampoco la otra bisnieta de ocho años que gateaba para sentarse a su lado en el sofá. Y había muchos abrazos y espacio para sentarse en sus piernas para todos los interesados.

La abuela Williamson nunca entendió por qué no se le permitió la oportunidad de criar al pequeño Bobby. Pero en algún lugar del camino, ella y Dios se reconciliaron. Me dijo que nunca más cuestionó el amor de Dios. Ese asunto ya estaba arreglado para ella cuando comprendió que su Padre celestial también había perdido a su único hijo por el bien de ella.

El pasado cuatro de julio, tuvimos una gran celebración en el este. Fue muy diferente. La abuela Williamson no pudo asistir esta vez. Estaba completando sus últimos días en este mundo. La tía

Charlene y el tío Jim se quedaron a su lado esperando. Una noche, Jim se sentó con la abuela, analizando su rostro y pensando en las muchas experiencias que compartieron juntos a través de los años. La abuela había estado inconsciente por horas, vagando en algún lugar entre esta vida y la próxima. Para el asombro de Jim, ella rompió el silencio con una tierna sonrisa y dijo con suavidad: "Hola, Bobby." Luego contó a Charlene y a Jim de las flores y la música que no se parecía a nada de lo que había visto o escuchado. Unas horas después, la abuela, el abuelo Williamson, el pequeño Bobby y sus otros tres hijos, tuvieron una maravillosa reunión en el cielo.

La abuela Williamson fue una interesante paradoja. Todos los que la conocieron dijeron que su extraña sensatez les hizo reír hasta que les dolía el costado. Y aun así, ella sufrió un inimaginable dolor durante las nueve décadas que vivió en este mundo. Dos abortos, un bebé que nació muerto. La muerte de su hijo de dos años. Agregando a esto el hecho de que sobrevivió la pérdida de sus diez hermanos y hermanas. ¡Esos son muchos funerales para una mujer! Pero de alguna manera ella pudo mantener su sentido del humor. Muchas de sus poesías reflejan su especial sentido del humor. Esta pequeña copla se encontró en la parte de atrás de su bien conservada Biblia después de su muerte.

NO ESPEREN HASTA QUE ME HAYA IDO
Cuando renuncie a esta faena
Y ya no vague más por la tierra
No lloren. No se lamenten. No sollocen.
Me he ido a un mejor trabajo
No vayan y compren un gran ramillete.
Porque les será difícil pagarlo.
No se lamenten ni se sientan tristes.

¡Hola Bobby!

Yo estoy mucho mejor que ustedes.
No le digan a la gente que soy santa.
O cualquier otra cosa que no soy.
Si tienen mermelada como para esparcir.
Por favor pasénmela antes que muera.

Mildred Williamson

La abuela vivió lo que predicó. Ella era la clase de persona que lo dejaba a uno sintiéndose bien y con esperanza sobre el futuro. Una de las cosas que las tres generaciones de familia que la rodeaban le escuchaban decir a menudo era: "Nada pasará hoy que el Señor y yo no podamos manejar juntos." ¡Cómo anhelo ese nivel de confianza en Dios cuando John, los niños y yo navegamos por las duras olas de la vida!

La abuela sabía que estaba camino a casa. Poco antes de morir, escribió una carta a sus seres queridos:

Mi querida familia y amigos:

Ha llegado el tiempo para que deje este mundo y me vaya a un nuevo hogar que está preparado para mí por mi querido Señor. Lo he visto únicamente a través de los ojos de mi mente y por nuestro libro más sagrado de todos —nuestra Biblia. Seguro ustedes saben que estoy ansiosa por ver lo que he anhelado y soñado. Sobrepasará cualquier cosa que haya visto en esta tierra, estoy segura.

Ahora es natural que algunos de ustedes me extrañen por un tiempo. Háganlo por poco tiempo, luego colóquenme en su libro de recuerdos con muchos pensamientos amorosos de los hermosos momentos que disfrutamos juntos. El tiempo, a lo mejor es corto y hay mucho trabajo que hacer antes que ustedes también sean llamados a su nuevo hogar para estar con nosotros que les hemos precedido aquí. ¡Qué reunión vamos a tener!

Que nuestro amado Señor les bendiga en cada esfuerzo que hacen por cumplir Su propósito para ustedes en esta tierra. Les dejo por ahora, con profundo amor y un feliz corazón. Dios les bendiga y los guarde.

Mildred Williamson

Cuando mis días en la tierra se cumplan, yo sé que la abuela estará allí dándome la bienvenida con amor, brazos abiertos y mucha risa. No hay duda de que ella estará llena de historias de sus maravillosas aventuras en el cielo —y del Único que respondió todas las preguntas que ella tuvo en este mundo. He tenido algunas preguntas e historias emocionantes para la abuela, también. Es una cosa buena que la eternidad es para siempre. Presiento que las historias y risas continuarán y continuarán...

Estímulo adicional: Un sorbo de esperanza

El Espíritu es el que da vida; la carne para nada aprovecha; las pa-abras que yo os he hablado son espíritu y son vida."

Juan 6:63

~~~~~mmm\\/mmm~~~~~

"Porque los que viven conforme a la carne, ponen la mente en las cosas de la carne, pero los que viven conforme al Espíritu, en las cosas del Espíritu. Porque la mente puesta en la carne es muerte, pero la mente puesta en el Espíritu es vida y paz."

Romanos 8:5-6 (LBLA)

~~~~~mmm\\/mmm~~~~~

"La oración no significa que voy a hacer descender a Dios a mis pensamientos y propósitos ni que su gobierno se rinda a mis ter-quedades, tonterías y algunas veces a mis nociones pecaminosas. La oración significa que estoy por levantarme hacia el sentimien-to, la unión y el diseño con Él; que estoy por entrar a Su consejo y a cumplir Sus propósitos completamente."

L. Moody[1]

~~~~~mmm\\/mmm~~~~~

Una vez se le preguntó a la Madre Teresa: "¿Cómo ama a los que no son amados? Ella respondió: "Primero, meditamos en Jesús y luego salimos y lo buscamos disfrazado." En algún lugar por deba-jo de los fastidios e irritaciones, peleas y contiendas, quejas y car-gas de nuestro hijos, está Jesús. ¿Lo buscará usted hoy?

Capítulo 25

Oraciones en el restaurante

"Él fue propicio a ellos, porque confiaron en Él."

1 Crónicas 5:20 (LBLA)

A nuestra familia le encanta comer en El Ranchito, un restaurant mexicano que está cerca de nuestra casa. Afortunadamente, ir a ce nar es ahora más fácil que antes. Nathan de alguna forma ya s sienta tranquilo durante la comida, pero hubo un tiempo en que l gustaba jugar resbalándose de la silla de bebé (con dos cinturone de seguridad) para esconderse bajo la mesa. Para él, era un juego Para nosotros, era mortificador, en particular cuando gritab "¡Mamá, Dadá!" a todo pulmón. Imaginábamos que veía el espa cio oscuro como un excelente fuerte y quería que viniéramos a ju gar con él. Por alguna razón, no podía entender el concepto de qu teníamos que mantener una "imagen" más refinada en público Comer papas y salsa bajo la mesa no estaba bien para papi, mami para él. Había mucha imagen que mantener.

En los restaurantes pasan cosas chistosas. Kim me contó de su hijo de seis años quien le preguntó si podía orar cuando llegara l comida. Todos inclinaron la cabeza mientras él recitaba lo siguien te: "Dios es bueno. Dios es grandioso. Gracias por la comida, Dios, te voy a agradecer más si mami nos da helado para el postre ¡con libertad y justicia para todos! ¡Amén!"

Junto a la risa de los otros clientes que estaban cerca, el pequeñ y su mamá escucharon una rara y severa observación de una mujer

—Eso es lo malo en este país. Hoy día los niños no saben ni orar. ¡Pedir helado a Dios! ¡Qué cosa!

El niño rompió en llanto y preguntó a su mamá:

—¿Hice algo malo? ¿Está Dios enojado conmigo?

Su madre le dio un abrazo y le aseguró que lo que había hecho era algo perfecto y que Dios no estaba enojado con él.

Cuando ella consoló a su hijo, un anciano se acercó a su mesa. Le guiñó un ojo al menor y dijo:

—Sé que Dios pensó que era una buena oración.

—¿De veras? —le preguntó el niño.

—Con todo el corazón —le respondió. Luego en un susurro teatral, añadió inclinando la cabeza hacia la mujer que había comenzado todo el asunto—. ¡Qué malo que ella nunca pida a Dios helado. Un helado es muchas veces bueno para el alma.

Naturalmente, se le dio al niño un helado al final de la comida. Cuando la mesera lo puso en la mesa, él se le quedó mirando por un momento y luego hizo algo que conmovió a su familia. Tomó su helado y sin decir una palabra lo colocó frente a la severa mujer.

Con una gran sonrisa dijo:

—Esto es para usted. El helado es bueno para el alma y la mía ya está buena.[1]

La próxima vez que sus hijos expresen su fe en una forma que usted piense que no es muy "correcta", evite la tentación de mostrarles cómo deben hacerlo. Mientras ellos honren a Dios y le muestren respeto, déjelos que se acerquen a su Padre en cualquier forma que ellos sientan natural y cómoda. Jesús lo dijo brevemente: "Dejad que los niños se acerquen a mí; no se lo impidáis, porque de los que son como éstos es el reino de Dios" (Marcos 10:14).

CAPÍTULO 26

Dejemos ir lo bueno por lo mejor...

> *"El que ha hallado su vida, la perderá; y el que ha perdido su vida por mi causa, la hallará."*

Mateo 10:39 (LBLA)

Era una niña feliz con hermosos risos rubios; Jenny tenía casi cinco años. Estaba con su madre en la fila para pagar, cuando lo vio: un círculo de brillantes perlas en una caja de papel aluminio rosado.

—Ah, por favor, mami. ¿Puedo llevármelo? ¡Por favor mami, por favor!

Enseguida, la madre revisó la parte de atrás de la pequeña caja, y luego regresó a ver los suplicantes ojos azules en el rostro de la niña.

—Cuesta $1.95 —dijo ella—. Eso es casi dos dólares. Si de verdad lo quieres, pensaré en algunas tareas para ti y en poco tiempo podrás ahorrar suficiente dinero para comprarlo tú misma. Tu cumpleaños es en una semana solamente y quizá vas a recibir otro dólar de la abuela.

Tan pronto como Jenny llegó a casa, vació su alcancía y contó diecisiete centavos. Después de la cena, hizo más que sus tareas habituales, fue a preguntarle a la señora McJames, si podía cortarle amargones por diez centavos. Para su cumpleaños, la abuela le dio otro billete de un dólar. Por último, Jenny tuvo suficiente dinero para comprarse el collar.

A Jenny le encantaban sus perlas. La hacían sentirse madura y especial. Las llevaba a todas partes —a la escuela dominical, al jardín de infantes, incluso a la cama. La única vez que se las quitaba era cuando nadaba o tomaba su baño de espumas. La madre le dijo que si se mojaban, podían ponerle el cuello verde.

Jenny tenía un padre amoroso y cada noche al ir a la cama, él dejaba todo y subía a su cuarto para leerle una historia. En una ocasión, al finalizar la lectura él preguntó a Jenny:

—¿Me amas?

—Ah, sí, papi. Tú sabes que te amo.

—Entonces dame tus perlas.

—Ah, papi mis perlas no. Pero puedes tomar a Princesa, el caballo blanco de mi colección, el que tiene la cola rosada. ¿Te acuerdas? El que me diste. Ese es mi favorito.

—Está bien, cariño. Papi te ama. Buenas noches.

Y le dio un beso en la mejilla.

Como una semana después, luego del momento de la historia, el padre de Jenny le preguntó otra vez:

—¿Me amas?

—Papi, tú sabes que te amo.

—Entonces dame tus perlas.

—Ah, papi mis perlas no. Pero puedes tomar mi muñeca. La nueva que recibí por mi cumpleaños. Es muy bonita, y también puedes tomar la colcha amarilla que combina con su bolsa de dormir.

—Está bien. Duerme bien. Dios te bendiga, pequeñita. Papi te ama.

Y como siempre, le dio un beso en la mejilla.

Pasadas unas noches, cuando entró el padre, Jenny estaba sentada en la cama con las piernas cruzadas al estilo indio. Cuando él se acercó, notó que la barbilla le temblaba y una lágrima le rodaba por la mejilla.

—¿Qué es Jenny? ¿Qué te pasa?

Jenny no dijo nada pero levantó la mano hacia el papá. Y al abrirla, allí tenía su pequeño collar de perlas. Con un pequeño temblor, finalmente le dijo:

—Aquí está papi. Es para ti.

Con lágrimas en los ojos, el buen padre de Jenny alzó una mano para tomar el collar de la caja de artículos baratos, metió la otra mano en el bolsillo, sacó una caja azul con un collar de perlas genuinas y se lo dio a Jenny. Él lo había tenido todo el tiempo. Estaba esperando que ella rindiera la baratija para poder entregarle un genuino tesoro.

¡Así es nuestro Padre celestial!

¿Ya colocó su vida en sus manos?

Estímulo adicional: Un sabor de esperanza

"La bendición mayor en su vida fue cuando llegó al final de intentar ser cristiano, al final de confiar en su devoción natural y estuvo dispuesto a venir como mendigo y recibir al Espíritu Santo."

Oswald Chambers[1]

~~~~~~

"El Señor no quiere el primer lugar en mi vida. Él quiere toda mi vida."

"Porque donde esté tu tesoro, allí estará también tu corazón."

Mateo 6:21 (LBLA)

~~~~~~

"En el reino de Dios la manera más segura de perder algo es tratar de protegerlo y la mejor forma de mantenerlo es dejándolo ir."

A.W. Tozer[2]

~~~~~~

"Los tesoros en el cielo están boca arriba como los tesoros en la tierra están boca abajo."

CAPÍTULO 27

Campamentos de la iglesia

"El que es de Dios escucha las palabra de Dios."

Juan 8:47 (LBLA)

Jessie se sentó arriba yo empujé con toda mi fuerza para cerrar los cerrojos de la vieja maleta. De alguna forma este áspero pedazo de equipaje había sobrevivido veinte años de uso y abuso. La utilicé en varios viajes al extranjero y quién sabe a cuántos viajes dentro del país para visitar a la familia. Ahora era de Jessie por una semana en el campamento de la iglesia. Ella hubiera preferido un bolso de lona nuevo marca Nike, pero papá y mamá dijeron "No, señorita". Como antiguos directores del campamento juvenil, nos era familiar la forma en que los adolescentes trataban las cosas en las cabañas.

Después, cuando despedimos los buses, John se volvió a mí y dijo:

—Espero que sepas que va a necesitar un año de terapia cuando regrese a casa.

—¿Por qué lo dices? —le pregunté.

—¡Por todos los abusos que sufrirá provenientes de los que se van a burlar de su maleta! —me respondió.

Reímos y nos imaginamos que nuestra primogénita de voluntad fuerte, se defendería si alguien la molestaba.

Una variedad de emociones surgieron cuando vi llegar el bus al estacionamiento. Yo estaba emocionada de que Jessie tuviera la oportunidad de aprender más de Dios por medio de grandiosos líderes juveniles. Tenía la esperanza de que conociera nuevas amistades. Me sentí preocupada por su seguridad. (La parte mala de ser terapeuta es escuchar las horribles historias de muchachos que mueren en accidentes.) Y francamente, me sentí aliviada de no haber sido la directora del campamento en esta oportunidad. Era el turno de otro.

Oramos por Jessie esa semana y pedimos a Dios que le hablara. Invitamos a Dios para que hiciera lo que Él quisiera en esta ocasión en su viaje. En el otoño, comenzaría el séptimo grado y ansiábamos que Dios la preparará para las pronosticables tormentas por venir de la adolescencia.

Una semana después, Jessie salió del bus, se veía tan gastada como su vieja maleta azul. Se movía a ritmo de tortuga y los ojos parecían un poco vidriosos más allá de las sonrisas.

Supimos que en su cabaña habían pasado toda la noche despiertas para alargar la experiencia del campamento. Había estado despierta por cuarenta y ocho horas. Sentí lástima por la pobre consejera que indudablemente se había ido a casa con los ojos hinchados y casi inconsciente. Todo lo que podía pensar era: ¡Estoy contenta de no haber sido yo la que estuvo en la cabaña a las 4:00 A.M. con doce aturdidas muchachas andando por todos lados!

—Entonces, ¿cómo estuvo el campamento? —pregunté a Jessie.

—¡Grandioso! —me dijo.

—¿Te divertiste?

—Sí, fue una explosión.

—¿Conociste a nuevas amigas?

—¡Miles!

—¿Qué cosas te enseñó Dios?

—Ah, no lo sé, estoy muy cansada para hablar de eso ahora.

—Bueno.

Nos tomó unos días para retomar el equilibrio después del nuevo regreso a la vida real. Los adolescentes hormonales y despiertos toda la noche son una combinación mortal. Una noche cuando estábamos sentados a la mesa, Jessie compartió una historia que siempre atesoraremos.

—Dios me habló cuando estaba en el campamento —nos dijo.

—¿De verdad? —le respondí, tratando de controlar mi reacción—. ¿Cuándo?

—Fue en una noche durante el servicio, al entonar cantos de adoración —respondió en forma práctica—. Dios habló a muchos muchachos esa noche.

—¿Qué fue lo que te dijo a ti? —le preguntó John.

—Me dijo que no quiere que sea oftalmóloga.

Lo admito, no esperaba escuchar eso. No estoy segura de lo que esperaba. Quizá yo tenía algunas esperanzas secretas de que nos dijera algo como: "Dios me dijo que nunca discuta con mis padres, que limpie mi cuarto y que haga todas mis tareas sin quejarme." Pero no fue así. Ah... bueno.

Jessie tenía mi completa atención porque sabía lo determinada que estaba a ser doctora. Había contemplado seriamente esa meta por muchos años. Había escrito reportes al respecto y entrevistó a profesionales de la salud para una tarea de la escuela. Yo tenía curiosidad de saber más.

—¿Jessie, por qué piensas que Dios te dijo eso?

—No lo sé, mami —me dijo—. Pero sé que los pensamientos no vinieron de mí porque yo he querido ser oftalmóloga desde hace mucho tiempo.

—¿Te dio Dios otra dirección?

—No. Pero sea lo que Él quiera, será bueno.

Sonreí, estuve de acuerdo y me maravillé por la profunda obra que Dios había hecho en esta jovencita en solo seis días. Jessie escuchó al Espíritu de Dios hablarle —clara y específicamente. Y tenía la confianza de que los planes de Dios para su futuro eran buenos. Ella era muy diferente a mí cuando yo tenía esa edad.

Ese fue el comienzo de una respuesta a las muchas oraciones que John y yo hicimos desde que los niños eran pequeños. Queríamos que pudieran escuchar al Espíritu hablarles a una temprana edad. Habíamos leído historias en la Biblia, como la de Samuel, el niño al que Dios despertó a tempranas horas de la mañana para tener una conversación de corazón a corazón sobre acontecimientos futuros. Usted recuerda la historia...

El joven Samuel servía al Señor en presencia de Elí. La palabra del Señor escaseaba en aquellos días; las visiones no eran frecuentes. Y aconteció un día, estando Elí acostado en su aposento (sus ojos habían comenzado a oscurecerse y no podía ver bien), cuando la lámpara de Dios aún no se había apagado y Samuel estaba acostado en el templo del Señor donde estaba el arca de Dios, que el Señor llamó a Samuel, y él respondió: Aquí estoy. Entonces corrió a Elí y le dijo: Aquí estoy, pues me llamaste. Pero Elí le respondió: Yo no he llamado, vuelve a acostarte. Y él fue y se acostó. El Señor volvió a llamar: ¡Samuel! Y Samuel se levantó, fue a Elí y dijo: Aquí estoy, pues me llamaste. Pero él respondió: Yo no he llamado, hijo mío, vuelve a acostarte. Y Samuel no conocía aún al Señor, ni se le había revelado aún la palabra del Señor. El Señor volvió a llamar a Samuel por tercera vez. Y él se levantó, fue a

Elí y dijo: Aquí estoy, pues me llamaste. Entonces Elí comprendió que el Señor estaba llamando al muchacho. Y Elí dijo a Samuel: Ve y acuéstate, y si Él te llama, dirás: "Habla, Señor, que tu siervo escucha." Y Samuel fue y se acostó en su aposento. Entonces vino el Señor y se detuvo, y llamó como en las otras ocasiones: ¡Samuel, Samuel! Y Samuel respondió: Habla, que tu siervo escucha."

1 Samuel 3:1-10 (LBLA)

Una vez que Dios había capturado la atención de Samuel, le reveló información sobre los eventos por venir.

Recuerdo la primera vez que escuché esa historia. Me sorprendió que Dios hubiera escogido compartir información vital con un niño, en vez de hacerlo con los sacerdotes o profetas. Y recuerdo que anhelé que mis hijos un día pudieran experimentar una intimidad con Dios, que los capacitara también a escuchar directamente de Él. Todavía tengo esas esperanzas.

Oro para que, como Samuel, nuestros hijos estén cómodos por completo con Dios y sientan que él los conoce por su nombre.

Oro para que tengan la confianza de seguir hablando con Dios sin importar la clase de errores que cometan.

Oro para que sus oídos estén bien sintonizados con la voz de Dios y que deseen escucharle. Espero que en muchas oportunidades ellos digan: "Háblame Señor, te escucho."

Y oro para que tengan el corazón dispuesto para confiar y obedecer lo que Dios comparta con ellos.

El futuro de nuestros hijos depende de sus habilidades para escuchar de Dios. Si tienen una línea abierta en el cielo, podrán soportar cualquier cosa en la tierra. Si pueden sentir al Espíritu de Dios hablarles en su interior, podrán vencer las batallas de afuera.

El pequeño Samuel tenía grandes batallas por delante. Pero también, la seguridad de que su Padre celestial le había hablado y le había revelado sus propósitos. Cuando todo el infierno se desató a su alrededor, Samuel pudo descansar en el conocimiento de que Dios estaba haciendo lo que había dicho que haría.

Jessie fue al campamento para divertirse, jugar y crecer espiritualmente. Papá y mamá aprendimos también una importante lección esa semana. El Espíritu de Dios puede hacer mucho más en pocos momentos, que nosotros como padres en años de sangre, sudor y lágrimas.

Es un verdadero tesoro para llevar a casa, a su familia. Y viene con garantía de por vida, para durar más que una vieja maleta guardada en el ático.

Estímulo adicional: **Un sorbo de humor**

Una mujer que cargaba un bebé subió al autobús del hotel. El chofer ve al bebé y dice:

—Ese es el bebé más feo que he visto en mi vida.
Disgustada con el hombre, la mujer irguió la nariz y se dirigió a la parte de atrás del bus para sentarse.
El hombre sentado a su lado no había escuchado la conversación cuando ella subió al bus y le preguntó por qué estaba tan molesta.
—¡El chofer me ofendió! —respondió.
—Bueno, ¡eso es terrible! —murmuró el otro pasajero—. Él debió tener cuidado. Su prioridad debe ser la felicidad de su cliente.
—Tiene razón —respondió la dama—. Regresaré y le diré a ese hombre lo que pienso.
—Buena idea señora —dijo el viajero acompañante —. Déjeme ayudarla. Le sostendré al mono.

CAPÍTULO 28

¿Felices o santos?

"Pero el Consolador, el Espíritu Santo, a quien el Padre enviará en mi nombre, Él os enseñará todas las cosas, y os recordará todo lo que os he dicho."

Juan 14:26 (LBLA)

Una de las buenas cosas de cada mes son los momentos que paso con mi maestra, la doctora Pamela Reeve. Ella es una mujer perceptiva, llena del Espíritu Santo, que habla con amor verdades penetrantes. Dios se mueve a través de esta mujer. Cuando estoy con ella, percibo con intensidad Su presencia. Además de eso, es una consejera bien entrenada que ha ofrecido esperanza a personas quebrantadas por muchos años. Por ende, hablamos el mismo idioma, aunque el alcance de su conocimiento sobrepasa al mío.

Una tarde cuando bebía un café lateé, le compartía algunas cosas que me preocupaban. No eran crisis mayores. Simplemente el típico asunto de los padres cuando sus hijos se sienten heridos o decepcionados.

—Desearía aplicar la misma objetividad profesional que tengo con mis clientes a las situaciones con mis hijos —le dije—. Es muy fácil para mí quedar atrapada en las angustias de mis hijos.

Escuché a otra mujer mencionar este dilema en términos más extremos: "Cuando mis hijos están felices, yo estoy feliz. Cuando ellos no lo están, yo tampoco."

El nombre clínico para esto es codependencia.

Mientras escuchaba a aquella madre hacer esta declaración, pensé en las veces en que yo también había estado involucrada en una dinámica similar con mis hijos. Y no me gustó. Es una forma segura de volverse loca y perder el control, en especial si usted tiene adolescentes susceptibles a cambios emocionales bruscos.

—Entonces, ¿cómo respondes cuando ellos están molestos por algo? —me preguntó mi maestra.

—Usualmente los escucho y trato de ayudarlos a resolver el problema —le respondí.

Me pareció una buena respuesta. Después de todo, ¿no es eso lo que todo padre amoroso y responsable debe hacer?

—¿Y cuál es tu objetivo en el proceso? —me preguntó.

—Bien, creo que mi meta es ayudarlos a arreglar el problema y a que se sientan mejor.

—¿Y qué pasa si no se sienten mejor?

Me reí y bromeando le respondí:

—Entonces yo no me siento mejor.

Sabía que mi respuesta tenía un grano de verdad.

Su silencio no me hizo meditar en lo que le había dicho.

¡Bingo! Se me encendieron las luces. Empecé a ver cómo era mi relación de autoservicio. Ella continuó diciendo que había propósitos más altos en la obra, detrás de los problemas y luchas de mis hijos.

—Pam, Dios no está tan preocupado porque tus hijos estén felices como lo está porque sean santos.

¡Ayyyy!

Ella continuó:

—¿Qué pasaría si tú no trataras de arreglar las cosas e hicieras que tus hijos se sintieran mejor?

—Ellos tendrían que pensar cómo solucionarlo y luchar con los problemas por ellos mismos —le respondí.

—¿No crees tú que Dios es capaz de ayudarles en el proceso?

Me agarró otra vez. Yo sabía la respuesta correcta. Pero tuve momentos en los que actué como nunca hubiera imaginado.

Pensé por un momento, luego dije:

—Creo que estoy tratando de determinar dónde está la línea entre la paternidad responsable y la intrusión en los asuntos de Dios. Escuché decirle que mis esfuerzos por ayudar en los problemas de mis hijos y a que se sientan mejor, pueden interferir en lo que Dios intenta lograr en ellos.

—Sí —ella me respondió—. Dios solo permitirá que vengan situaciones y circunstancias a la vida de tus hijos que él usará para el buen provecho de ellos.

Después del momento que pasamos juntas, reflexioné sobre mi propio crecimiento espiritual a través de los años. Este vino en su mayoría, como resultado de soportar dificultades y dolor. Mi amoroso Padre celestial no me evitó la adversidad. Él me dejó luchar. Y ha sido mediante los momentos de dolor en mi vida, que Dios ha escogido tocar a otros. ¿Por qué pienso lo contrario para mis hijos? Dios debe hacer una obra *en* ellos antes que él pueda trabajar *a través* de ellos. Él debe transformarlos desde el interior para que ellos se ajusten a sus propósitos.

Una vez más vi la necesidad de rendir mis hijos ante el Señor y confiar a él sus vidas. Algunas veces soy muy lenta para asimilar las bases más importantes de la vida llena del Espíritu. Era obvio que yo no estaba considerando esta prueba de "entrega", aunque había recibido una poderosa lección apenas una semana anterior...

Estaba en la oficina de consejería con una cliente, quien, de paso me mencionó que había asistido al funeral de un niño con el síndrome de Down que había muerto de leucemia. Al escuchar su historia me invadió una fuerte emoción por el síndrome de Down de Nathan. Al nacer, los médicos nos dijeron que tendría retraso mental y que existía un alta incidencia de leucemia entre los que padecen este desorden.

Al escuchar a mi cliente, hice el procedimiento clínico —contuve la emoción y me enfoqué en sus necesidades. Pero contener la emoción no funciona por mucho tiempo. Es como tratar de detener una pelota de playa bajo el agua. No importa lo que uno haga, ésta sigue saliendo a la superficie.

Empujé su historia a la parte de atrás de la mente hasta la noche siguiente, cuando abrí una carta de una mujer que había leído mi libro *Angel Behind the Rocking Chair*. Ella me contaba algunas cosas especiales sobre su hijo, nacido también con el síndrome de Down. Luego me explicaba lo mucho que lo extrañaba desde que éste murió de leucemia a la corta edad de ocho años. Su muerte había ocurrido un mes atrás.

Bien, eso era demasiado. Yo estaba en un lodazal. Todas mis emociones del día anterior y todos mis temores por Nathan regresaron como un diluvio. Me fui al cuarto, me senté en la cama, lloré mucho y le hablé a Dios. Le conté mis temores y le pedí que me guiara. Le pedí que me ayudara a vivir el presente y a no predecir negativamente el futuro. Y luego le dije algo que no creo haberle dicho antes en tono formal: "Dios, hoy decidí confiar en ti por la vida de Nathan y por la muerte de Nathan."

Esa conversación en mi cuarto tomó diez minutos, aun y con todo mi llanto. No puedo decirle que todas las cosas fueron mejor después de eso, pero una llama quedó en mi corazón. El temor ya no volvió a alcanzar niveles de diluvio.

La paternidad efectiva necesita continuos diálogos con Dios. Se requieren oídos abiertos para escuchar lo que el Espíritu de Dios está diciendo en medio de las luchas que encontramos. ¿Cuándo necesitamos interferir? ¿Cuándo necesitamos retirarnos? El Espíritu Santo es el único que tiene las respuestas. Si él indica caminar, tenemos que seguir su dirección sin importar si esto hace o no, "feliz" a alguien.

Si somos sobreprotectores, podemos producir niños blandos, que no estén dispuestos a enfrentar el dolor que conlleva al crecimiento. Yo no creo que haya ninguna arbitrariedad sobre las circunstancias y las luchas que enfrenten nuestras familias. Dios es el maestro a nosotros artista que nos moldea y a nuestros hijos con una precisión infalible. No necesitamos hacer conjeturas acerca de Él o desarrollar planes para cualquier eventualidad.

Recordé una cliente que me contó que había sido abusada sexualmente en su infancia. Su hijo se estaba acercando a la edad en que empezó el abuso de ella. Asustada de que alguien le podía hacer daño a su hijo, tomó toda posible precaución para controlar el mundo a su alrededor por "su propia seguridad". No obstante, cuando el niño comenzó la escuela, llegaron las invitaciones a casa de sus amigos, juegos de pelota y otras actividades. Su ansiedad se desbordó.

Al final de una de las sesiones, le pedí que escribiera una carta a Dios contándole sus temores, y que luego escuchara su respuesta. Regresó a la siguiente semana maravillada con lo sucedido.

—Cuando terminé de escribir la carta, Dios me dijo que me apartara de Su camino —me dijo ella—. Él me dijo que yo estaba asfixiando a Tommy.

Yo había estado diciéndole lo mismo con diferentes palabras. Pero cuando ella lo escuchó del Espíritu Santo, la sacudió. Ella y su hijo están mucho mejor, porque ella cedió al consejo del Espíritu Santo.

Si la vida del Espíritu va a florecer en nuestros hijos, habrá un precio que pagar. No habrá ninguna ganancia excepto por pérdida.

Eso es lo que Jesús le dijo a sus discípulos camino a la cruz. Hay un mensaje aquí para todos nosotros que tendemos a ser muy protectores, reaccionando a la vida como lo hizo Pedro. Impulsivamente se paró y trató de prevenir a Cristo del sufrimiento, diciéndole que no fuera a Jerusalén. ¿Cuál fue la respuesta de Jesús?

Jesús le dijo: "¡Quítate delante de mí Satanás! Me eres piedra de tropiezo: porque no estás pensando en las cosas de Dios, sino en las de los hombres." Entonces Jesús les dijo a sus discípulos: "Si alguno quiere venir en pos de mí, niéguese a sí mismo, tome su cruz y sígame" (Mateo 16:23-24 LBLA).

Cuando nuestros hijos sufren decepciones y pérdidas, ciertamente nosotros sufrimos con ellos. Pero al experimentarlo, debemos recordar que Dios está en el asiento del conductor. Él está manejando las circunstancias y situaciones para refinar sus temperamentos y hacerlos más parecidos a él. ¿Dejará a Dios que tome el volante? Si usted sale del lado del pasajero, encontrará una nota en el panel de instrumentos que dirá:

CONFÍA EN MI.

TENGO TODO BAJO CONTROL.

TE AMO,

DIOS

Nuestras familias sufrirán decepciones y pérdidas. Pero Dios ya tiene concebido un plan mayor. Su palabra para usted hoy es: "Mi final nunca es la muerte. Es siempre vida."

Este es el mensaje de la cruz. Es la promesa de Dios para usted. ¿La creerá para sus hijos?

Preguntas para una tertulia de café

Las siguientes preguntas están diseñadas para padres agobiados que quieren compartir los gozos y retos de la crianza de los hijos con los amigos y una taza de café. Grupos de dos a seis amigos de confianza pueden crear discusiones estimulantes y de poderosa sanidad. Se recibe un gran ánimo al saber que no estamos solos y al escuchar cómo otros han pasado con éxito por duros retos. Le animo a que se abra y sea honesto con sus amigos. Y al final de los momentos de discusión asegúrense de orar unos por otros. Recuerde, no todo depende de usted solo.

CAPÍTULO UNO: EL MOMENTO DE VOLVER A LLENAR LA TAZA

1. ¿Cómo se ha astillado la crianza de los hijos según su propia orientación?

2. ¿Cuáles son algunas de la formas que Dios está usando para moldear a su hijos y refinarles su carácter?

CAPÍTULO DOS: APARICIONES DE ÁNGELES

1. ¿Puede identificar alguna pared de hielo en su corazón que necesita que el Señor derrita?

2. ¿Cuál es la única manera en que usted puede extender gracia a sus hijos hoy?

CAPÍTULO TRES: EL CAPELLÁN DEL HOSPITAL

1. Todos los padres experimentan sentimientos de insuficiencia. ¿Qué provocan estos sentimientos en usted y cómo los trata por lo general?

2. Cuando estamos fatigados, es fácil caer en un carril negativo. Cambie los engranajes e identifique las cosas que usted hace bien como padre.

CAPÍTULO CUATRO: ZONAS DE GUERRA

1. ¿Cuáles son los asuntos que crean una zona de guerra en su familia?

2. ¿Cuál es el pequeño paso que ustedes pueden dar juntos para empezar a apagar los gritos de batalla?

CAPÍTULO CINCO: LA RUTINA

1. Describa qué acontecía en su vida la última vez que experimentó la rutina.

2. La mejor receta para el síndrome de Depresión es la gracia. ¿Cómo planea extender la gracia a usted mismo hoy?

CAPÍTULO SEIS: LOS MEJORES AMIGOS

1. Comparta la pérdida que haya experimentado alguno de sus hijos y las formas que usted usó para apoyarlo.

2. ¿Cuándo y cómo ayudará a sus hijos a usar el dolor como un trampolín para la oración?

CAPÍTULO SIETE: A DIOS LE INTERESA LO QUE ES IMPORTANTE PARA NOSOTROS

1. El padre de esta historia cree que la bicicleta perdida va a regresar a pesar de las circunstancias aparentes. Describa alguna situación en su vida en la que sienta (o haya sentido) un reto a tener fe "a pesar de las adversidades."

2. ¿Por qué problema pediría a su familia o amigos que oren por usted hoy?

CAPÍTULO OCHO: ORACIONES FILTRADAS

1. Comparta algunos ejemplos de sus oraciones rápidas, filtradas.

2. ¿Cómo es su experiencia diaria cuando las oraciones son "filtradas"?

CAPÍTULO NUEVE: UNA CURA PARA EL SÍNDROME DE DESGASTE FAMILIAR

1. ¿Cuáles son las fuerzas que están halando la tela de su familia?

2. ¿Qué ajuste puede hacer para volver a conectarse con las personas más importantes en su vida?

CAPÍTULO DIEZ: FIESTA DE CUMPLEAÑOS

1. Discuta un temor con el que lucha como padre.

2. ¿Qué discernimiento fue más pertinente para usted en esta historia?

CAPÍTULO ONCE: LAS ORACIONES DE ALGUIEN DE DIEZ AÑOS VALEN MUCHO

1. Hable sobre una respuesta de oración a uno de sus hijos —o una de su propia infancia.

2. ¿Por qué necesidades concretas va usted a ayudar a sus hijos a orar?

CAPÍTULO DOCE: ACEPTAMOS UN NUEVO DESTINO

1. ¿Qué es lo que el Señor le está incitando suavemente a aceptar en vez de resistir?

2. Para usted, ¿cuál es la cosa más maravillosa de haber estado en "Holanda"?

CAPÍTULO TRECE: DOBLE BENDICIÓN

1. ¿Cuáles son los regalos especiales que Dios ya depositó en el camino de sus hijos?

2. ¿En qué otras áreas el Señor está obrando en sus hijos?

CAPÍTULO CATORCE: ES SOLO CUESTIÓN DE TIEMPO

1. La historia de Alberto es un poderoso recuerdo de que en la economía de Dios, no tenemos que ser producto del pasado. ¿Qué significa esto para usted como padre?

2. ¿Cuáles son algunas formas en que usted puede plantar semillas de verdad en sus hijos hoy?

CAPÍTULO QUINCE: HISTORIAS DE UN PROGRAMA DE TELEVISIÓN

1. Llegar más allá de nuestro dolor no requiere más esfuerzo; requiere confianza. ¿Qué necesita usted confiar a Dios hoy?

2. Nada puede frustrar los planes de Dios. ¿Qué temor confrontará usted con esta verdad?

CAPÍTULO DIECISÉIS: LA BATALLA ES DEL SEÑOR

1. ¿Cuáles son los asuntos de ser padre que le están tentando a sentirse desanimado y desesperado?

2. ¿Qué batalla pedirá a Dios que luche por usted hoy?

CAPÍTULO DIECISIETE: CUANDO SOMOS DÉBILES, ÉL ES FUERTE

1. ¿Cómo la frase "No tengo que estar fuerte para ser fuerte" se revela en usted?

2. ¿En qué áreas débiles pedirá a Dios que muestre Su fortaleza?

CAPÍTULO DIECIOCHO: FINALES SORPRENDENTES

1. Narre algunas de las formas en que Dios ha sido fiel al suplir sus necesidades durante los momentos de prueba.

2. ¿Qué escritura revisará diariamente durante la próxima semana para estimular su fe?

CAPÍTULO DIECINUEVE: REPOSEMOS EN EL ALMA

1. ¿Cuándo fue la última vez que detuvo su rutina para escuchar calladamente al Señor? ¿Cuál fue el resultado?

2. Comparta una experiencia de cuando "reposó en el alma" con uno de sus hijos. ¿Qué pasó?

CAPÍTULO VEINTE: PROBLEMÁTICOS

1. Describa una situación en la cual uno de sus hijos fue amenazado. ¿Cómo trató usted eso?

2. ¿Qué aprendió en el proceso? ¿Qué haría diferente la próxima vez?

CAPÍTULO VEINTIUNO: VISITA A LA CASA

1. ¿En qué áreas específicas son sus hijos vulnerables a los poderes de las tinieblas?

2. ¿Cómo planea enseñarles a ser sabios ante las artimañas del enemigo?

CAPÍTULO VEINTIDÓS: SER PADRE DEL HIJO PRÓDIGO

1. La historia de Sharon revela muchas lecciones que ella recibió del Señor. Identifique algo que aprendió que fue de ayuda a su experiencia presente como padre.

2. Jesús dijo: "Si crees, verás." ¿Cómo planea aplicar dicha verdad esta semana?

CAPÍTULO VEINTITRÉS: LA CRÍTICA

1. Comparta una vez en la que usted o uno de sus hijos estuvieron en la mira de las crueles barras de la crítica. ¿Cuál fue su respuesta?

2. Los niños son obras en progreso, así que todos los juicios son provisionales. ¿Qué diferencia hace esto en la manera en que usted ve y se relaciona con su hijo?

CAPÍTULO VEINTICUATRO: ¡HOLA BOBBY!

1. La motivación de la abuela Williamson era: "Nada pasará hoy que el Señor y yo no podamos manejar juntos." ¿Cuál es su motivación?

2. ¿Alguna vez usted, como la abuela Williamson, decidió dejar de hablarle a Dios? Relate cómo y cuándo pudo volver a conectarse con Él.

CAPÍTULO VEINTICINCO: ORACIONES EN EL RESTAURANTE

1. Comparta alguna experiencia cómica o embarazosa que ha tenido con alguno de sus hijos.

2. ¿Han expresado sus hijos su fe en forma creativa?

CAPÍTULO VEINTISÉIS: DEJEMOS IR LO BUENO POR LO MEJOR

1. ¿Qué es lo que Dios le pide que deje ir?

2. Describa alguna vez en que Dios le dio un genuino tesoro a cambio de una baratija que usted rindió a él.

CAPÍTULO VEINTISIETE: CAMPAMENTO DE LA IGLESIA

1. Relate alguna vez en que el Señor dio a uno de sus hijos, dirección y guía.

2. ¿Qué hará esta semana para alimentar la conexión de sus hijos con el cielo?

CAPÍTULO VEINTIOCHO: ¿FELICES O SANTOS?

1. Comente la siguiente frase: "Hay propósitos más altos en la obra detrás de los problemas de nuestros hijos."

2. ¿Qué le pide Dios que le confíe hoy?

Notas

Estímulo adicional:

Un sorbo de humor (pág.18) siguiendo al cap.1

1. Edyth Draper, *Draper's Book of Quotations for the Christian World* (Wheaton , Ill.: Tyndale House, 1992), registro #3879

2. Draper, registro #3878.

Capítulo 2: Apariciones de ángeles

1. Extraído del libro *Angel Behind the Rocking Chair* por Pam Vredevelt (Sisters, Ore.: Multnomah, 1998), 49-50, 92-4. Usado con permiso.

Estímulo adicional:

Un sabor de esperanza (pág. 26) siguiendo al cap. 2

1. Draper, registro #3884.

2. Oswald Chambers, *Christian Disciplines, Volume One* (Fort Washington, Penn.: Christian Literature Crusade, 1936), 44.

Estímulo adicional:

Un sabor de esperanza (pág. 38) siguiendo al cap. 4

1. Draper, registro #5781.

Estímulo adicional:

Un sorbo de humor (pág. 43) siguiendo al cap. 5

1. James S. Hewitt, *Illustrations Unlimited* (Wheaton, Ill.: Tyndale House, 1988), 196-7.

Estímulo adicional:

Un sabor de esperanza (pág.49) siguiendo al cap. 6

1. Draper, registro #9285.

2. Draper, registro #8896.

Estímulo adicional:
Un sorbo de humor (pág. 55) siguiendo al cap. 7
1. Sherri Weaver, *365 Days in the Stress Lane* (Glendale Heights, Ill.: Great Quotations Publishing, 1994).

Estímulo adicional:
Un sabor de esperanza (pág. 58) siguiendo al cap. 8
1. Draper, registro #6334.
2. Oswald Chambers, *Run Today's Race* (Fort Washington, Penn.: Christian Literature Crusade, 1968), 7.
3. Draper, registro #9267.

Estímulo adicional:
Un sabor de esperanza (pág. 73) siguiendo al cap. 10
1. Draper, registro #587.
2. Draper, registro #606.

Capítulo 12: Aceptamos un nuevo destino. (pág. 79)
1. Emily Perl Kingley, "Dear Abby" columna del periódico *The Oregonian,* en octubre de 1992.
2. Este capítulo originalmente apareció en *Angel Behind the Rocking Chair,* 109-14.
Usado con permiso.

Estímulo adicional:
Un sabor de esperanza (pág. 85) siguiendo al cap. 12
1. Draper, registro #5389.
2. Draper, registro #5392.
3. Draper, registro #5454.

Estímulo adicional:
Un sorbo de humor (pág. 89) siguiendo al cap. 13
1. "Campus Comedy," *Reader's Digest*, abril 1999, 9. The Reader's Digest Association, Inc. Nueva York, N.Y.

2. Draper, registro #1112.

3. Draper, registro #1101.

Estímulo adicional:

Un sabor de esperanza (pág. 99) siguiendo al cap. 14

1. Draper, registro #5791.

2. Oswald Chambers, *Disciples Indeed* (Fort Washington, Penn.: Christian Literature Crusade, 1968), 22.

Estímulo adicional:

Un sorbo de humor (pág. 107) siguiendo al cap. 15

1. Allen Klein, *The Healing Power of Humor* (Nueva York, N.Y.: Penguin Putnam, Inc. 1989), 151. Esta carta es usada con permiso de Allen Klein, autor de *The Healing Power of Humor, The Courage to Laugh, y Quotations to Cheer You Up.*

2. Ibid., 152.

Estímulo adicional:

Un sabor de esperanza (pág. 118) siguiendo al cap. 16

1. A.W. Tozer, *The Pursuit of Man* (Camp Hill, Penn.: Christian Publications, 1950), 50.

2. Draper, registro #10,693.

3. Draper, registro #9858.

4. Draper, registro #9854.

Estímulo adicional:

Un sabor de esperanza (pág. 131) siguiendo al cap. 18

1. Chambers, *Run Today's Race*, 89.

2. Draper, registro #5461.

3. Draper, registro #493.

Estímulo adicional:

Un sorbo de humor (pág. 137) siguiendo al cap. 19

1. Allen Klein, *The Healing Power of Humor*. Estas notas son adaptadas y usadas con permiso de Allen Klein, autor del libro *The Healing Power of Humor, The Courage to Laugh, y Quotations to Cheer You Up.*

Estímulo adicional:

adicional: Un sabor de esperanza (pág. 145) siguiendo al cap. 20
1. Draper, registro #185.
2. Draper, registro #8907.

Estímulo adicional:

adicional: Un sabor de esperanza (pág. 160) seguido del cap. 22
1. Draper, registro #10,867.
2. Osward Chambers, *Christian Disciplines, Volume One*, 61.
adicional: Un sorbo de humor (pág. 166) siguiendo al cap. 23
1. Draper, registro #1127.
2. Draper, registro #1136.
3. Allen Klein, *The Healing Power of Humor*, (Nueva York, N.Y.: Penguin Putnan, Inc. 1989), 13. Allen Klein es también el autor de *The Courage to Laugh, y Quotations to Cheer You Up.*

Estímulo adicional:

Un sabor de esperanza (pág. 169) siguiendo al cap. 24
1. Draper, registro #8909.

Capítulo 25: Oraciones en el restaurante
1. Esta historia se usó con el permiso de Kim Kane.

Estímulo adicional:

Un sorbo de humor (pág. 175) siguiendo al cap. 25
1. Ellen Kirkpatrick, "Laughter, the Best Medicine," *Reader's Digest,* abril 1998. 72. The Reader's Diggest Association, Inc., Nueva York, N.Y.
2. Amanda Parker, "Laughter, the Best Medicine," *Reader's Digest*, Septiembre 1998, 110. The Reader's Digest Association, Inc., Nueva York, N.Y.

Capítulo 26: Dejemos ir lo bueno por lo mejor. (pág. 172)
1. Alice Gray, "The Treasure," *More Stories for the Heart* (Sisters, Ore.
Multnomah Publishers, 1997), 147. Usado con permiso.

Estímulo adicional:
Un sabor de esperanza (pág. 182) siguiendo al cap. 26
1. Oswald Chambers, *Disciples Indeed* (Fort Washington, Penn.: Chris
tian Literature Crusade, 1968), 20.
2. A.W. Tozer, *Born After Midnight* (Camp Hill, Penn.: Christian Publi
cations, 1959), 96.